LIOBANI
ELMAGYARÁZOM – VELEM TARTASZ?

LIOBANI

ELMAGYARÁZOM – VELEM TARTASZ?

Krisztus, kulcs
az Élet kapujához
Isten Szellemében élni
Univerzális Élet

Első kiadás 2015
A magyar nyelvű kiadás a
© Gabriele-Verlag Das Wort GmbH
LIOBANI Ich erkläre – machst du mit?
című 2011 évi kiadása alapján készült.
Minden tartalmi kérdésben
a német eredeti kiadás mérvadó.

ungarisch

Megrendelésszám: S130hu

Kiadta az Univerzális Élet
H-5002 Szolnok, Pf.:125
ISBN 978-963-88769-8-0
univerzalis.elet@freemail.hu

Tartalom

*Az öröm és a derű
útját járod egészen
a magas életkorig?*

*Akkor fogadd el a szellemi
tanításokat és útmutatásokat
a 12-18 éves fiatalok számára,
melyeket Liobani nyilatkozott ki,
az Úr egyik angyala, nővérünkön,
Gabriellán keresztül, aki Isten
prófétája és követe.*

Bevezetés

Az isteni világ nagyon közel van azokhoz, akik naponta arra törekednek, hogy Isten akaratát teljesítsék.

Ez a kinyilatkoztatás a 12-től a 18. életévét betöltött fiataloknak adatott.

De azok a felnőttek is, akik még tanulni szeretnének, szintén megtalálják benne életük számára azt, ami továbbviszi őket az Istenhez vezető úton. A szülőknek is segítséget jelentenek ezek az igazságok, mert jobban megértik felnövekvő gyermekeiket – függetlenül attól, hogy azok még iskolába járnak, vagy már dolgoznak.

E Föld gyermekei felcseperednek, serdülőkké majd felnőttekké válnak. A gyerekeknek, a serdülőknek és a felnőtteknek is egyre inkább tudatosítaniuk kellene, hogy csak vendégek ezen a Földön, ahol minden vendégnek úgy kellene viselkednie, ahogyan azt a vendéglátó, Isten, a mi Atyánk az Ő embergyermekeitől kívánja.

Isten, a Szeretet Törvénye arra buzdítja az embereket, hogy úgy gondolkodjanak és éljenek, ahogyan azt a Szeretet Törvénye, Isten, a vendéglátó kívánja embergyermekeitől – hogy az emberek újra hozzájuthassanak örökségükhöz, ami a végtelenség. Ez az örökség a végtelenség összes tiszta kozmikus sugárzása, melynek esszenciája minden szellemlény. Minden tiszta lét maga a tiszta kozmikus sugárzás, az örökké önzetlen Szeretet Törvénye.

Minden emberben található egy szellemi test, amelyet – amíg az anyagi testben van – *lélek-nek* neveznek. A tiszta szellemi test a tiszta létből származik, Istentől.

A léleknek különféle megterhelései vannak, vagyis különféleképpen árnyékolta be magát. Az emberben lévő lélek így csak vendég ezen a Földön, és visszatér Istenhez, eredetéhez, ha letisztította megterheléseit, a bűneit. Tehát miután megtisztult, a tiszta szellemi test visszatér Istenhez az örök kozmikus sugárzásba.

Az ember három különböző rezgésű energiából áll, melyek hármas egységet alkotnak: a megterhelhetetlen *Szellemből* – Istenből, a Szeretet Törvényéből –, a *lélekből* és az anyagi *testből*.

A megterhelhetetlen lénymagot, a Szellemet, Istent, körülöleli a szellemi test, az étertest, melyet a burkaival együtt léleknek nevezünk. Így az ember szellemből, lélekből és anyagi testből áll.

Földi vándorlása alatt a lélek tehát emberi testben van. Mindkettőnek, léleknek és embernek az a feladata földi vándorútján – ahol csak vendég –, hogy az örök, isteni Törvényeket megvalósítsa, és hogy Isten akarata szerinti életet éljen.

Ha a vendég, az ember igyekszik teljesíteni az isteni Törvényeket a Földön, akkor a lélek újból tiszta lesz, és a szellemtest újra egyetemes létté válik, vagyis magává a Szeretet Törvényévé. A szellemlény, a tiszta étertest újra tudatosan Isten gyermeke, fia vagy leánya.

Aki törekszik arra, hogy Isten Törvényeit kibontakoztassa magában, miáltal újra felragyog saját szellemi lénye, szellemteste, azt ugyancsak a világos, isteni erők ölelik körül.

Az ember lelke egy nagy mágneshez hasonlítható. A lélek, a mágnes, azt vonzza, amit az ember érez, gondol és beszél. De tetteit is regisztrálja a lélek, ugyanúgy, mint cselekvésmódját.

Ez azt jelenti, hogy az emberben lévő lélek az *élet könyve*. A lélek feljegyzi mind a pozitívat, mind a negatívat. Ily módon minden, amit az ember elküld, visszatér hozzá, azaz a lelkébe. A lélekben tehát minden emberi ott marad feljegyezve, amit földi vándorlásai során érzett, gondolt, beszélt és cselekedett az ember, és következésképpen minden, amit nem bocsátottak meg neki, vagy ő nem bocsátott meg, és ezért nem is törlődött.

A jó, önzetlen érzések, gondolatok, szavak és cselekedetek világosságot eredményeznek a lélekben. A lélek fényt és erőt fogad be – és az ember, a lélek burka egészséges, boldog és örömteli lesz.

Mind a pozitív, mind a negatív erők formálják és alakítják az embert. A pozitív erők hatására a testalkat és az érzékek kifinomulnak, egész kisugárzása tisztábbá és szebbé válik. Kisugárzása akkor is fiatalos marad, amikor a földi test hervad, mert a lelket fény és erő hatja át. Ha a test a korral hervad is – az ember megőrzi a fiatalos frissességet.

Ami a lélekben van, fény vagy árnyék, átsugárzik az ember szervezetén és rányomja bélyegét. Az érett, Isten fénye által áthatott lélek külső jegyei a harmonikus gesztusok, az egyenes járás, a szabad, világos tekintet, a kiegyensúlyozott beszéd, melyből szeretet és béke sugárzik. Az is, ahogyan és amit az ember eszik, ahogyan és amit iszik, vagy ahogyan öltözködik – mind arra mutat rá, hogy a fény hatja-e át, vagy hogy téves magatartásának árnyékában él-e.

A valódi élet az ember*ben* van, és nem rajta kívül. Ezért már gyermekkorától fogva megfelelően kellene tanítani és nevelni, hogy kifejlessze ezt a belső életet.

A gyermeknek már egészen kicsi korában meg kellene kapnia szüleitől a tudást, hogy miért is van a Földön, és hogy a hármas egységből áll: szellemből, lélekből és testből. Ismernie kellene a vetés és aratás törvényét, és tudnia, hogy a sorscsapások nem kívülről érkeznek, hanem a saját megterhelt lelkéből, hogy a külső dolgok csak a lökést adják meg. Tisztában kellene lennie továbbá az újramegtestesülés törvényével, miszerint a lélek mindaddig új testbe költözik, amíg meg nem szabadul az anyaghoz való kötődéseitől, a kívánságaitól és vágyaitól. A még meg nem szüntetett okok hatásairól is fel kellene világosítani a gyermeket: A lélek mindaddig kötve van egy másikhoz, és mindaddig újra egymáshoz vezethetik őket, míg mindketten le nem tisztították a lelkükben lévő megterheléseiket a megbocsátás, bocsánatkérés és jóvátétel által.

A szülőknek nagy a felelősségük Isten és a gyermekeik iránt. Nem csak az a kötelességük, hogy gyermekeiket az isteni törvények szerint neveljék, és tanítsák, mit kíván tőlük Isten, a mi mennyei Atyánk, hanem mindketten felelősséget viselnek – mindkét szülő a saját részéről –, hogy gyermekeik számára valódi példaképek legyenek, nem pedig csupán elméletoktatók! Csak ha a szülők maguk is *megvalósították* azt, amit tanítanak, akkor fogadják majd gyermekeik szívesen szüleik útmutatásait, és követik azokat.

Aki saját megvalósításából tanítja és vezeti gyermekeit, az jóságos, és tudatában van felelősségének. Mindig megérzi a megfelelő pillanatot, hogy éppen azt mondja gyermekének, ami annak akkor lényeges, üdvös és jó. Azok a szülők, akik gyermekeiket a saját megvalósításuk kincséből vezetik és terelik, azt is érzik, ha azok elzárkóznak egy útmutatás elől; tudják azt is, hogyan neveljék őket úgy, hogy tanácsaik a szívükbe hulljanak, azokat elfogadják és kövessék is.

Én, Liobani, az örök, isteni Birodalomból közvetítem most az örök Törvényeket, az önzetlen Szeretet üzenetét, valamint a vetés és aratás törvényét. Mennybéli nővérük vagyok embertestvéreimnek; nekik Liobaninak nevezem magam. Az örök Igazságot továbbítom minden, az Istenhez készségesen törekvő embernek, különösképpen a 12-18. életévüket betöltött fiatal testvéreknek. Azonban azoknak is nagy gazdagodást hozhat az örök Igazság, akik a földi természeti törvények szerint már idősebbek.

Az Univerzális Életben, Krisztus minden embert magába foglaló megváltó művében a belső életiskolát tanítják. Ez tartalmazza mind a hét fejlődési fokozatot, ami egészen a beteljesüléshez, az Ősforráshoz, Istenhez vezet. Sok felnőtt járja már a szeretet eme Belső Útját Istenhez.

Néhányuknak nagyon nehezükre esik megváltoztatni gondolkodásmódjukat, elhagyni a megszokott kerékvágást, emberi énjük régi sablonjait, és ezek helyett törvényszerűen érezni, gondolkodni, beszélni és cselekedni.

Az embert egy számítógéphez hasonlíthatjuk. Ha az idősebb emberek már hosszú ideje tárolják magukban az adatokat és ezzel együtt a programokat, akkor adott esetben sok időbe és fáradtságba kerül a régi programok kitörlése. A fiataloknak ezzel szemben sokkal könnyebb dolguk van. Bár az ő lelkük is magával hozott fényt és árnyékot ebbe a földi életbe, agysejtjeiket azonban még nem programozták be emberi gondolkodásmintákkal, régi szokásokkal és kívánságokkal.

A fiatal ember olyan, mint a fiatal fa. Még könynyen hajlítható. Az idős ember pedig olyan, mint az öreg fa, amely már évtizedek óta szilárdan begyökerezve áll helyén, és már nem hajlítható; saját megszokott útjait járja, amelyekről csak nehezen tér le. Tehát sok dologban nagyon nehezére esik megváltoztatni gondolkodásmódját, és a régi, emberi minták helyébe isteni gondolatokat állítani, bocsánatot kérni és megbocsátani.

Mennyei Atyánk szeretete és irgalma Krisztusban azonban *minden* embergyermeknek lehetővé teszi, hogy a régi korlátozottságokat, a régi mintákat feloldja, hogy a régi szokásokat feladja, hogy az emberi sablonos gondolkodásból kiutat találjon, és hogy az isteni Törvényeket megvalósítsa. Az Élet Ura mindenre képes, ha az ember hajlandó megváltoztatni gondolkodását.

Akkor az emberi, én-központú gondolkodásból az univerzális gondolkodáshoz talál – a szeretethez, a békéhez és a harmóniához, és azután ő is megtalálja a jót minden emberben, mivel minden ellentétesben ott a jó mag.

Kedves testvér, aki még a földi évek szerint fiatal vagy, én egy emberen keresztül nyilatkozom ki, akit a mi örök Urunk az Ő prófétájának és követének nevez. Általa közvetíti neked a Teremtő az isteni Igazságot, az örök Törvényt.

Hangsúlyozom, hogy én csupán *közvetítem* az örök Igazságot, és elmagyarázom, hogyan érheted el. Mert tudd, hogy noha Isten az anyagba árasztja örök Törvényét, az örök Igazságot, azonban tiszteletben tartja gyermekei szabad akaratát. Ezért rád van bízva, hogy elfogadod-e magyarázataimat és megvalósításukra törekszel-e, vagy elutasítod azokat.

Ha azonban te is csatlakozol a szeretet önzetlen útját járó sok más emberhez, akkor örvend az egész Menny. Krisztus, a Megváltód a jó pásztor. Minden juhnak örül, mely nyájához talál. És mi is, az Isten Birodalmában élő testvéreid, Vele együtt örülünk.

Liobani,
egy nővér a fényből

Isten gyermekeinek szellemteste – A lélek szellemi atomjai – Minden energiának megvan a maga saját színe – A lélek fénytere, az ember aurája

Kedves fivér, kedves nővér!

Szeretnélek fivéremnek vagy nővéremnek szólítani, és örülök, ha ezt a megnevezést a Mennyek üdvözleteként szívesen elfogadod. Isten szellemében fivérem, vagy nővérem vagy. Isten Birodalmában mindnyájan testvérek vagyunk, mivel *egyetlen* mennyei Atyához tartozunk, aki Anyánk is. Ő az Atya-Anya-Isten, aki meglátta és megteremtette szellemi testünket.

Testvérek vagyunk, függetlenül attól, hogy te földi, én pedig szellemi ruhában vagyok – vagyis nem testet öltött formában. Istenben egyek vagyunk. Hogy egymást láthatjuk-e vagy sem, lényegtelen; Isten ereje által testvérek vagyunk és összeköttetésben állunk egymással.

Tudd, hogy amíg a lélek, a szellemi test földi ruhában tartózkodik, addig az ember szemén keresztül néz, és gyakran csak azt látja, amit az ember látni képes.

Bizonyára csodálkozol ezen a kijelentésen: A lélek csak azt látja, amit az ember látni képes. Ezt szeretném most neked elmagyarázni.

A szellemi testet, mely anyagi testedben működik, finom, éteri burkok veszik körül. Ezeket nevezzük az ember *aurájának*.

Szellemi testedben, vagyis lelkedben minden tárolva van, amit előző földi életeidben és mostani földi ittlétedben éreztél, gondoltál és beszéltél. Lelkedben fel van jegyezve minden cselekedeted is. Amit az emberiből még nem tisztítottál meg, az most a lelkedből a testedbe sugárzik. Ez meghatározza az embert, és kihatással van az érzékeire is. Lelked továbbra is tárol mindent, amit érzel, gondolsz, beszélsz és teszel, amíg a Földön emberként élsz.

A lélek világosan vagy sötéten lát. Ez teljesen attól függ, hogy az ember mit tárolt el a saját lelkében – világosságot vagy sötétséget. A lélek az emberen keresztül néz; csak annyit észlel, amenynyit az ember szemeivel illetve a többi érzékszervével felfogni képes.

Az ember érzékeit vagy lelkének fénye *vezeti*, vagy lelkének megterhelései *irányítják*. Az ember csak saját fény- és árnyoldalainak megfelelően lát, gondolatai, szavai és cselekedetei szerint. A jóságos ember mindenben megtalálja a jót. A negatív beállítottságú pedig mindenben a negatívat keresi.

Bizonyára érdekel, hogyan épül fel a szellemi test, illetve, hogy mi módon alakult ki az emberi szervezet. Tudnod kell: a földi test tömör energiából áll. Ez az energia építi fel a sejteket, a csontokat, az inakat, az izmokat, a szalagokat, a mirigyeket, a véredényeket és mindent, amiből a szervezet áll. A szellemi testhez viszonyítva az emberi masszív, kemény és rugalmatlan.

A szellemi test ezzel szemben egy teljesen hajlékony képződmény, mivel sem csontjai, sem inai, sem izmai, sem mirigyei, sem véredényei nincsenek. Vérrel és egyéb anyagokkal sem rendelkezik. A szellemi test csupa szellemi részecskéből áll, melyek olyanok, mint a méhek által épített lépsejtek, vagy mint egy hal pikkelyei. A részecskék sok rétegben sorakoznak egymáson, és a hal pikkelyeihez hasonlóan fedik egymást.

Elismétlem: A szellemi részecskék hasonlóan rendezkednek el, mint a hal pikkelyei. Egymáson rétegződnek. Minden részecskeréteg – melyeket részecskemezőnek, részecskeegységnek vagy részecsketerületnek is nevezünk – magában foglalja a végtelenség egyik nagy tudatterületét; például az ásványok, a növények, az állatok, a természeti lények, a négy szellemi elem – a tűz, a víz, a föld, a levegő – tudattérségét, és nem utolsó sorban az összes kozmikus történést a Teremtésben és az Örök Haza megszámlálhatatlan sok sugár-útján. Isten Törvénye a minden mindenben.

A teljes szellemtest részecskéi tehát a végtelenség minden tudattérségét tartalmazzák. Minden részecskemező a végtelenség tudata. Következésképpen az egész szellemtest a tiszta lét összes tudattérségéből, az egyetemes életből áll.

Az Atya-Anya-Isten szelleme áramló energia. Hasonló a levegőhöz, melyet lélegzel. Sok olyan alkotóelemet tartalmaz, amelyekre a szervezetednek szüksége van. Hasonló módon hatja át, azaz lélegezteti a szellemi energia, Isten a szellemlényt, aki tehát Isten leheletét, az áramló energiát, azaz Istent lélegzi. Szervezetedet levegő és tápanyag látja el, szellemi testedet pedig energia, azaz Isten.

A szellemlényt tehát Isten energiája lélegzi át, Isten örökké áramló energiájából él, mely mindent fenntart fénnyel és erővel. A Földön ezzel szemben mindent a szilárd anyagok tartanak el, mint például a mezők és az erdők gyümölcsei.

Az energiát, Istent, a Mindenség Életét áramló isteni *éternek* is nevezik. A szellemlénynek nincs szüksége durvaanyagú élelemre, mint az emberi testnek. Ő az isteni energiából, az egyetemes éterből él, mely keresztüláramlik minden részecskén és táplálja azokat.

Összefoglalom: Amíg ember vagy, szükséged van a földi táplálékra, a mezők gyümölcseire. A szellemi testet viszont az egyetemes éter, Isten tartja fönn.

Most bizonyára fel fogod tenni a kérdést, hogy vajon mi található szellemi tested részecskéiben, és hogy miből is épülnek fel ezek a részecskék.

Maguk a szellemi részecskék és tartalmuk is megszámlálhatatlan sok *szellemi atomból* állnak. A szellemi világ szellemi, finomanyagú energiából, szellemi atomokból áll, mint ahogyan az anyag durvaanyagú energiából, anyagi atomokból. Az egész végtelenséget, minden létet a jól elrendezett *öt szellemi atomfajta* építi fel.

A szellemi atomokban a teremtőelv is működik, mely a négy elemi erőt, a teremtő- és alkotóenergiákat jelenti. Ezek a *Rend*, az *Akarat*, a *Bölcsesség* és a *Komolyság*.

Ezeknek a kozmikus-atomi teremtő- és alkotóenergiáknak a központjában hatalmas energia pulzál, úgy is mondhatnánk, hogy atom az atomban. Ez az óriási lüktető energia, melyet pulzálóatomnak is nevezünk, a három gyermekségi erőből áll. Ezek a *Szeretet* – amely a legerősebb erő az egész végtelenségben és Isten gyermekeiben –, a szelídség, vagyis *Türelem* és az *Irgalmasság*, melyet más szóval jóságnak és alázatnak is mondhatunk.

Az említett öt szellemi atomfajta a következő: *pulzáló-, termékenység-, hordozó-, teremtő-* és *fejlődésatom*. Ebből az öt atomfajtából épül fel az egész végtelenség. Szellemben is minden atomi szerkezetű.

Minden szellemi atom a szellemtest egyes részecskéiben, valamint az egész végtelenségben, a végtelenség központi csillagára, a központi *Ősnapra* illetve annak *Prizmanapjaira* irányul, melyek a központi Ősnap fényét a spektrum színeire bontják, és a végtelenségbe sugározzák.

A központi Ősnap maga az Atya-Anya-Szellem-Princípium, az adó és fogadó princípium. Az Atya-Anya-Princípium, a központi Ősnap az egész végtelenséget táplálja hét Prizmanapon keresztül, melyeket második Ősnapoknak is nevezünk.

Így az anyagi élet is csak Isten fénye által létezhet. Minden életforma, mint például a kövek, az ásványok, a növények és az állatok is tudatformák, melyek fényt és erőt kapnak a Teremtő Szellemtől, tudatszintjüknek megfelelően.

A tudatszintet egy tálhoz hasonlíthatjuk, mely méretétől függően képes befogadni. Így minden egyes életforma is mindig csak annyi fényt és erőt fogad, amennyi szellemi nagyságának, szellemi fejlettségének megfelel.

Isten gyermekeinek szellemi teste, tehát a te szellemi tested is, érett, azaz teljesen kifejlődött szellemi forma. Minden érett forma – tehát Isten minden egyes gyermeke – birtokolja az összes kozmikus erőt. Ez a megszámlálhatatlanul sok tudatmező vagy tudaterő a szellemgyermekben egyetlen egésszé egyesült. Ez azt jelenti, hogy Isten gyermeke, a tökéletes lény maga az isteni Törvény.

A szellemi test, tehát a te szellemi lényed is az ásványokon, a növényeken, az állatokon és a természeti lényeken keresztül épült fel. Ez nem az anyagi világban történt, hanem az isteni világ fejlődésterületein, vagyis a Mennyekben.

Már biztos olvastad a 6-12 éveseknek szóló „Tanácsot adok – elfogadod?" című kinyilatkoztatásban, hogy az érett természeti lény Isten gyermekségi szintjére emeltetik, és hogy a felnövő istengyermek fokozatosan teljesen kifejleszti a három gyermekségi tulajdonságot, a Türelmet, a Szeretetet és az Irgalmasságot, vagyis a Szelídséget, a Szeretet és az Alázatot, így eléri a teljes érettséget, tehát ő maga is Isten Törvényévé válik.

Ha tehát a szellem-gyermek teljesen kifejlődött, akkor a teljes Ősenergia áthatja, és lélegzetével átjárja. Ekkor mind az öt szellemi atomfajta egészen kifejlett és teljesen aktív. A szellemi részecskék tehát Isten leheletét lélegzik.

Ha egy szellemlény teljesen kifejlődött, akkor megérett benne az Atya-Anya-Princípium is. Ez a szellemi nemzőerő, amely a három Gyermekségi tulajdonságból ered.

A négy teremtőerőben, a Rendben, az Akaratban, a Bölcsességben és a Komolyságban is benne van az Atya-Anya-Princípium, mert a Türelem, a Szeretet és az Irgalmasság pulzálóerőként minden szellemi atomban jelen van. Ez a három erő azonban csak akkor válik teljesen aktívvá, mikor a szellemi gyermek teljesen kifejlődött, vagyis Isten törvényévé vált.

Ha a mennyei világokban egy érett természeti lény szellemi nemzés által az Istengyermekség fokára emeltetik, akkor aktiválódnak és tökéletesednek benne az Atya-Anya erők. Az érett szellemlény a végtelenség összes erőit használhatja, azokból meríthet, alakíthat.

Az öt szellemi atomfajta az érett szellemlényben teljesen aktív és az Őserőre irányul. Ezért a szellemlény kisugározza a végtelenség mind a hét alaperejét, és azokat megfelelően alkalmazni is tudja. Nemcsak látja az örök Törvényeket, és nemcsak tud a végtelenségben lezajló dolgokról és történésekről, hanem mozgásba is tudja hozni azokat az örök Törvény szerint, mert ő maga is Törvénnyé vált.

A tiszta lény tekintetét nem homályosítják el az úgynevezett lélekburkok, vagyis megterhelések. Ő az Abszolútban él és az Abszolútból is ad, az örök Törvényből.

De hogy van ez az embereknél? Ha az ember az előző életeiben, azaz a lélek korábbi megtestesüléseiben és ebben a földi létében vétett az isteni Törvény ellen, és ezt még nem tisztította meg, akkor a lélek szellemi atomjai elfordultak Isten Törvényétől, az Őserőtől.

Ismerd fel: Az ember minden pozitív – vagyis törvényszerű – és minden negatív – azaz nem törvényszerű – érzése, gondolata, szava és cselekedete reakciót vált ki a lélekben.

Így joggal mondhatod: Minden akciót – legyen az pozitív vagy negatív – a megfelelő reakció követi.

Ha az ember az isteni Törvény szerint él, akkor lelkének szellemi atomjai az Őserőre irányulnak. Akkor az ember lelke és teste is sok életenergiát fogad be. Ezután olyannak látja a dolgokat és történéseket, amilyenek valójában, és nem úgy, ahogy azok az anyagi világban mutatkoznak.

Átlátja embertársait is, és tudja, mit éreznek és gondolnak. Azt látja, amilyen az ember, nem pedig azt, amilyennek mutatja magát. Számára a természet és ő egyetlen egészet képez. Minden életformát Isten részének tekinti, és tudja, ő is Istenben él, mint egy csepp Isten Óceánjában, az Egységben.

Ha ezzel szemben az ember gondolkodása és magatartása negatív, akkor vét Isten Törvényei ellen. Akkor már nem embertársai*ért* van, hanem mindenki ellen, aki kellemetlen számára és nem teljesíti akaratát. Ezáltal lebecsüli, meg- és elítéli felebarátait, tehát elutasítja őket.

Aki azonban embertársai ellen van, aki elutasítja őket, az egyúttal Isten ellen is van, és vétkezik. Ezáltal a lélek szellemi atomjai elfordulnak az Őserőtől, Isten fényétől és erejétől, és a világ felé fordulnak – ettől pedig a lélek és az ember fényben és erőben szegényebbé válik.

Minden megterhelés, tehát minden bűn vétség az örök Törvény ellen. Ez kifejti hatását a szellemi atomokban, amelyek azután fokozatosan elfordulnak az Őserőtől. A lélek szellemi részecskéi ennek megfelelően beárnyékolódnak – „elfénytelenednek" –, mert befogadják az okokat, melyeket az ember vet.

A tudományotok felismerte, hogy minden energia, és semennyi energia sem vész el. Tehát amikor az ember érez, gondolkodik, beszél és cselekszik, ugyancsak energiákat szabadít fel.

Ha az ember önzetlenül érez, gondolkodik és beszél, felebarátaival jóakaró és békés, akkor pozitív, törvényszerű erőket fejleszt, melyek erősítik a lelkét és a testét: A lélek és az ember ekkor gyarapodva fogadja be magába Isten fényét és erejét, mivel a szellemi atomok az Ősenergiához fordultak. Törvényszerű cselekedeteit az örök Törvény támogatja, úgyhogy amit a világos ember Isten nevében valósít meg, azt siker koronázza.

Már hallottál a fényspektrumokról, melyek Isten Prizmanapjaiból származnak. Ezek a tiszta Ősfények maguk a finom életenergiák az ásványok, a növények, az állatok, a természeti lények, a szellemlények – és az ember részére is, melyek fényt, erőt, egészséget és segítséget jelentenek számára minden élethelyzetben. Ha az ember elfordul ezektől a tiszta és finom fényspektrumoktól, megterheli magát; a következmény végül is az, hogy szenved.

Helytelen magatartásával megalkotja saját energiáit, melyek színe megfelel viselkedésének. Minden érzésnek, gondolatnak, szónak és cselekedetnek megvan a maga speciális színe.

A negatív érzések, gondolatok, szavak és tettek elsötétítik a lélekrészecskéket, melyek tehát felveszik az energiák színét, vagyis azt a rezgést, amelyet az ember kisugároz magából. A fénnyel telt önzetlen érzések, gondolatok, szavak és cselekedetek által viszont világosabbakká válnak a lélekrészecskék. A szellemi atomok ezután egyre inkább az Ősfény felé, a központi Ősnap felé fordulnak.

Mindkettő, vagyis a fény és az árnyék is kifejti hatását az ember testében. Az ellentétes dolgok tehát nemcsak a lélek részecskéit árnyékolják be, hanem a testen is átsugározzák színintenzitásukat. Ami feljegyződött a lélekrészecskékben, fény vagy árnyék, az újra átsugározza és körülveszi az embert.

Amit tehát az ember a lélekrészecskékbe elvetett, azt sugározza ki: az a lélek fénymezője, az ember aurája. Ez állandóan mozgó és lüktető energia, mely különböző színeket sugároz ki.

Isten törvénye a hét alaperőből áll: Rend, Akarat, Bölcsesség, Komolyság, Türelem, Szeretet és Irgalmasság. Mivel mindegyik megtalálható a másikban, így ez hétszer hét energetikai erőt jelent, ami Isten Törvényét képezi.

Ha az ember vétett Isten eme Törvénye ellen, akkor az kihat lelkére és testére is, mivel minden ok kisugárzik. Így alakul ki – mint ahogy már olvastad – a lélek fénymezeje, az ember aurája.

Következésképpen minden ember *abban* a fénymezőben van, amelyet saját maga alkotott s alkot: Vagy Isten fényében áll – ha lelkét meszszemenően tisztán tartja vagy tisztítja, miáltal jóságos, szeretetteljes és megértő, és mindenért, ami emberi, bocsánatot kér és megbocsát –, vagy aurája, lelkének fénymezeje sötét, a sötétpirostól a sötétzöldig, sötétliláig, a szürkétől egészen a feketéig.

A lélek feladata, hogy az emberi testben megtisztuljon, megterheléseit Krisztussal, a Megváltójával leépítse, és hogy békés életet éljen. Akkor feloldódnak a lélekburkok, melyek az isteni Törvény elleni vétségek által képződtek, és Isten élete és ereje újra közvetlenül árad a lelken és a testen keresztül. Így az ember belülről szép, akkor is, ha a földi test már hervad. Az ilyen ember Istenre hangolt, kifinomult, beszéde harmonikus, gesztusai nemesek.

Ha azonban a lélekburkok fejtik ki hatásukat az ember testére, akkor az ember annak megfelelően is mutatkozik: irigy, gyűlölködő, veszekedős, kötekedő. Ítél és elítél, becstelen és önző. Folyton elvár valamit felebarátjától, ám ő maga nem szívesen tesz önzetlenül.

A lélekburkok kihatnak mind az öt érzékszervre: Az ember csak azt látja és csak azt hallja, ami a lélekburkaiban van, amit a lélekburkain keresztül látni és hallani képes; csak azt szagolja és ízleli, ami a lélekburkaiban van, amit a lélekburkokon keresztül szagolni és ízlelni képes; csak azt tapintja ki, amit lélekburkai meghatároznak.

Az embereket tehát saját gondolatmintáik, kívánságaik és szenvedélyeik irányítják. Csak azt látják, hallják, szagolják, ízlelik és tapintják, ami saját magukban megvan, ami aktív, és ami bennük végbemegy. Ahogy tehát gondolkodsz, ahogy viselkedsz, az vagy te magad:

Hogyan reagálsz, ha kellemetlent látsz?

Hogyan reagálsz, ha kellemetlent hallasz?

Hogyan reagálsz, ha kellemetlent szagolsz, ízlelsz?

Hogyan reagálsz, ha valami olyat tapintasz meg, ami számodra kellemetlen?

Megismétlem: Amit ennek következtében gondolsz, vagy ahogyan ezt követően viselkedsz, az vagy te magad!

Ismerd fel: Az önzetlen, pozitív gondolatok és cselekvésmódok lelkednek mély, fényes területeiből jönnek. A negatív indulatok és gondolatok valamint az abból adódó mozdulatok a megterhelt lélekből erednek, a beárnyékolt lélekrészecskékből.

Hogyan vezet Isten közvetett és közvetlen módon a különböző tudatszinteken – Közvetett vezetés események, emberek, sorscsapások és a napi energia által

Isten szellem, és mélyen a lelkedben lakik. Isten szelleme lelked megterhelhetetlen része, melyet a lélek *lénymagjának* is nevezünk.

Isten csak azt az embert vezetheti közvetlenül, aki idejében Hozzá fordul. Mit jelent Istenhez fordulni?

Ha észreveszed, hogy valami zaklatni kezd, hogy mindjárt elönt a düh, hogy zsörtölődni, szidalmazni, veszekedni vagy akár verekedni akarsz, akkor még időben fordulj Istenhez: Beszélj Hozzá! Mondd el Neki, hogy mit érzel, hogy harag támad benned; vagy ha a méregtől alig tudsz uralkodni magadon, azt is mondd el.

Beszélj Hozzá – majd képzeld el, hogy melegség és szeretet sugárzik ki belőled. Engedd, hogy hassanak benned ezek a sugarak. Gondolj a következőre: „Isten körülvesz engem. Isten megtisztítja azt, amin felizgattam magam".

Hagyd, hogy ezek a melegítő sugarak továbbra is hassanak benned. Képzeld el a Napot, és hogy napozol. A Nap melegít, fénye megnyugtat. Beragyogja a sötétet, és minden kivilágosodik.

Csöndes és nyugodt vagy. A fény mindent napvilágra hoz.

Bízz benne, hogy Isten mindent napvilágra fog hozni, és végezd Vele napi feladataidat. Akkor majd felebarátodnak is meg tudsz bocsátani, és a nem szép gondolataidért bocsánatot tudsz kérni.

Ami a lélek mélyéről, a megterhelhetetlen lénymagból, Istenből sugárzik, az a közvetlen erő: Isten. Ebből az erőből ered az Isten általi *közvetlen vezetés.*

Újból és újból kérd Istent, hogy közvetlenül vezessen. Akkor időben megkapod a figyelmeztetést, ha harag, düh, agresszió, irigység, félelem, veszekedés, féltékenység vagy más negatívum tör elő. Isten időben hív bensőd felé, hogy segíteni tudjon, és hogy egyre jobban, azaz egyre inkább közvetlenül vezethessen téged. Akkor sokkal gyorsabban tisztítod a lelkedet, és Isten egyre erősebben sugárzik lelked növekvő tiszta területein keresztül.

Isten azonban *közvetetten* is vezethet. Ez a vetés és aratás törvénye általi vezetés, amely így hangzik: Amit az ember elvet, azt fogja aratni – ha nem tisztítja le időben, amit okozott. Ami negatívat az ember elvetett, és ami abból aktív, az kihat a testére.

A közvetett vezetés a következőt jelenti: Isten besugároz a lelkedbe, de nem tud közvetlenül elérni téged, hanem megterheléseidet, okaidat világítja meg. Vagy azért, hogy letisztázd őket, vagy hogy megtisztulhassanak sorscsapások és betegség által, hogy Isten azután újból közvetlenül beragyoghasson téged.

Már tudod, hogy okaid hatásait nem kell betegség vagy sorscsapás formájában elszenvedned, ha időben hallgatsz a lelkiismeretedre, mely figyelmeztet és utat mutat, *mielőtt* zaklatottság, harag, düh, gyűlölet, irigység és hasonlók törnek fel; ha felkeresed magadban Istent és beszélsz Hozzá; ha Őt a melegség és a szeretet Napjaként képzeled el, mely melegével átjár, és minden sötétet elvesz tőled.

Ha Isten közvetlenül vezethet téged, akkor sugarai átjárják a négy, már messzemenően megtisztított, immár finom és fényes lélekburkot vagy azután majd a három finom emlékburkot – abban az esetben, ha az első négy lélekburkot már levetetted és a teljesítés fényében állsz.

A három finom emlékburok jelenti az előkészítő erőket az Istenben való abszolút élethez. Ezek a fényburkok magukban hordozzák a Menny kapuja előtti három előkészítő sík, a három fénysík rezgését. Ahogy már kinyilatkoztam, ott tanulod alkalmazni az Abszolút Törvényt, míg újra abszolút leszel. Ez már emberként is lehetséges számodra, ha időben Istenhez fordulsz, és ha hagyod, hogy az Ő szeretet- és melegségsugarai beburkoljanak, áthassanak és vezessenek. Ha mindig újból és újból rábízod magad Istenre, és ha minden helyzetben a bizalmad ajándékozod Neki, akkor Ő a három finom fénysíkon keresztül besugároz gondolatvilágodba, és fokozatosan előkészít a Benne való abszolút életre.

A lélekburkok úgymond fokok az isteni élethez vezető létrán, melyeket tudatfokozatoknak is nevezünk. Ha az első négy tudatfokozatot magad mögött tudod az örök Élet felé vezető létrán, ha tehát a négy sötét lélekburok megtisztult vagy akár fel is oldódott, mert nincs bennük már több árnyék – mivel életedet, azaz gondolkodásodat, beszédedet és cselekedeteidet Istenre irányítottad –, akkor egyre inkább eléred az Isten általi közvetlen vezetést. Ezután a Türelem, a Szeretet és az Irgalmasság finom sugárzásában élsz, a Menny kapuja, az örök lét előtti előkészítő erőkben, és Isten közvetlen vezetésében állsz.

Ez a három finom lélekburok *emlékként* mindazon megfeleléseket magában rejti, melyeket a négy tisztítósíkon leépítettél. Ha a három lélekburok – a Türelem, a Szeretet és az Irgalmasság – finom sugárzásában élsz, tehát az Istenben való tiszta életre előkészítő erőkben, akkor már nincs több megfelelésed. Legyőzted a bűnöset. Azonban *ahogyan* azt legyőzted, emlékként megmarad még ebben a három finom burokban.

Ha tehát egy testvérednek segítségre vagy jó tanácsra van szüksége, hogy életét pozitívabbá alakítsa – és te már azonosat vagy hasonlót legyőztél –, akkor a lelked három finom burkában aktívvá válnak a megfelelő emlékek; rezgésbe jönnek, és a gondolataidba rezegnek. Hirtelen eszedbe jut, hogyan segíts önzetlenül felebarátodnak, vagy, hogy mit mondj neki, hogy a jó és önzetlen tanács által újra a helyes életútjára találjon. Hiszen emlékszel rá, hogyan birkóztál meg megfeleléseiddel, lelked megterheléseivel, milyen gyakran voltál az énednek alávetve, és hogy mily nagy vagy kicsi volt a harc, míg attól megszabadultál. Így szolgálhatsz ezentúl önzetlenül Istennek és felebarátodnak az emlékek segítségével, azzal, amit egykor okoztál, és már legyőztél. Aki Krisztus erejével győzelmet aratott önmaga felett, aki tehát ebben a finom emléksugárzásban él, és ezért az isteni Törvényből fogad és ad, az önzetlen, és Isten szeretetének igaz edényévé vált.

Tudd meg, kedves testvér, hogy a legyőzött dolgokról való emlékeknek meg kell maradniuk.

Azok segítségével nemcsak embertársaidat értheted meg, akik még azonos vagy hasonló helyzetben vannak, mint amilyenben te egykor voltál, hanem önzetlenül szolgálhatsz és segíthetsz is nekik.

Isten, a mi mennyei Atyánk és a védőszellemed is nagyon gyorsan figyelmeztethet az emlékeid által, hogy ne tégy még egyszer azonosat vagy hasonlót, mint amilyet egykor okoztál. Bensődben hirtelen feltámad a gondolat: „Állj, ne így! Ne ess újból vissza abba, amit már elhagytál. Ez már csak emlékként van benned!"

Tudd, Isten, mennyei Atyánk, Krisztusban, a Megváltódban arra törekszik, hogy az emlékeid által más embergyermekeknek segítsen. Gondokkal, problémákkal, nehézségekkel és betegségekkel küzdő embereket vezethet hozzád, vagy téged hozzájuk, ha te azonosat vagy hasonlót már legyőztél. Ekkor saját tapasztalatod alapján beszélhetsz és segíthetsz.

Megismétlem: Isten tehát olyan emlékeket hoz felszínre benned, amelyek a három előkészítő burok egyikében fekszenek. Azután eszedbe jut, hogyan győzted le a problémát vagy betegséget; és érzed, hogyan segíthetsz felebarátodnak, vagy, hogy mit mondj neki, ami által kiutat talál pillanatnyi helyzetéből – hiszen emlékszel, hogy egykor te is azonos vagy hasonló helyzetben voltál, és tudod, hogyan birkóztál azzal meg. Egyszerre megtalálod a helyes szavakat, illetve tudni fogod, hogy az Élet Törvénye szerint milyen segítséget szabad adnod felebarátodnak. Tisztában vagy vele, hogy mit kell mondanod az adott szituációban, és ismered a járható utat, mely kivezet a kilátástalanságból.

Ismerd fel, hogy Isten így segített felebarátodnak általad. Hiszen ez csodálatos, Isten ilyen közvetlen vezetésében részesülni! Ez akkor történhet, ha te is voltál hasonló vagy azonos helyzetben, mellyel megbirkóztál Isten vagy egy olyan szellemi ember segítségével, akin keresztül Isten tevékenykedik.

Minél több emberit győztél le az Úr segítségével, annál gazdagabb vagy szellemi tapasztalatokban. Ha azt mondjuk, hogy Istennek ebben a világban nincsenek más kezei, csak a tieid, akkor ezzel azt szeretnénk kifejezni, hogy ha messzemenően tiszta vagy, akkor Isten általad tevékenykedhet.

A finom lélekburkokban lévő emlékek tehát, melyek eme finom, fényes, törvényszerű sugárzásban vannak, transzformátorai az isteni erőnek. Az általad legyőzött dolgok révén – melyek emlékként élnek benned – tevékeny Isten ebben a világban, hogy támogassa és segítse embergyermekeit.

Ezáltal Isten közvetlenül vezet téged, felebarátodat pedig, akit Isten általad szólított meg, és akit általad részesít segítségben, közvetetten.

Hogyan történik ez? Ha egy embernek nehézségei vannak, és bajban van, és te már hasonlót legyőztél, akkor Isten hozzád vezeti ezt az embert – vagy téged hozzá, ha ez az érintettnek jó. Nehézségei rezgések formájában találkoznak az emlékeiddel, melyek azután az ébertudatodba jutnak, és eleven gondolatokká válnak. Ezek megmutatják neked, hogyan segíthetsz felebarátodnak, vagy, hogy mit mondj neki, ami által kiutat talál pillanatnyi helyzetéből.

A lelkedben lévő emlékmező tehát erősebben kezd rezegni. Lelked szellemi atomjai, melyek az őserőre, az isteni lénymagra irányultak, magukkal vonzzák azután az örök, mindent magába foglaló Törvényből a törvényszerű választ az illető ember számára; vagy pedig az örök Törvény, Isten belső képet mutat neked, hogy hogyan segíthetsz, illetve, hogy mit kellene tennie az érintettnek, hogy segítségben részesüljön. Ez Isten segítsége általad, számodra pedig a közvetlen vezetés.

A messzemenően megtisztult lélekben bőségesen áramlik Isten energiája. A felgyarapodott isteni erő áramlatának következtében az isteni, átsugárzott ember felebarátját olyannak látja, amilyen – nem pedig, amilyennek mutatkozik. Érzi, amit a felebarátja nem mond ki, és felismeri, hogy felebarátja éppen mit szeretne leplezni szavaival.

Ha lelked messzemenően világos, akkor belelátsz felebarátod gesztusaiba és mimikájába is, valamint kiolvasod arckifejezéséből, testalkatából, testtartásából és öltözködéséből is, hogy ki ő. Megismered anélkül, hogy beszélne.

A szellemi emberek, akik a négy tisztítási síkot messzemenően legyőzték és a finom sugárzásban élnek, ismerik embertársaik testbeszédét. Az előtt, aki tiszta, semmi sem marad rejtve. Ő Istenben van, és Isten rajta keresztül működik; kinyilatkoztat számára mindent. Azok az emberek, akik már csak ebben a finom sugárzásban, a Szeretet Törvényében élnek, azaz tiszta érzésekben, gondolatokban, szavakban és cselekedetekben, ők saját maguk is isteni tudattá váltak.

A finom, isteni sugárzásban élő embernek nem kell többé fülelnie, hogy mit mond neki Isten, hiszen messzemenően istenivé vált. És aki messzemenően istenivé vált, annak nem kell többé kérdeznie, mert mindent tud. Nem kell többé néznie, mert lát. Nem kell többé hallgatóznia, mert hall. Ismerd fel az emberi és az isteni közti finom árnyalatokat!

Ha a lélek és az ember fokozatosan eljut a finom sugárzásba, a három finom lélekburokba, akkor egyre érthetőbb lesz számára, amit Isten közöl vele. Azonban amit Isten az Ő gyermekének mond, azt nem második vagy harmadik félnek szánta, hanem egyedül annak a gyermeknek magának!

Ha az embernek még ki kell fürkésznie Isten szavát, melyet Isten mond neki, akkor a lélek még nem egy Istennel, azonban a tiszta isteni forráshoz vezető, illetve a forrás eredetéhez vezető úton jár. Isten tehát az emberhez annak beárnyékolt lélekburkain keresztül beszél, hogy megmondja neki, mit valósítson meg saját magán. A lélek megterhelései ekkor azonban már nem lehetnek súlyosak! Különben túl sűrű ködfelhő takarná el Isten fényét; ugyanis minden megterhelés árnyék Isten fénye előtt. Ha ezek az árnyak még túl sűrűn takarják el Isten fényét, akkor az ember csak korlátozottan képes fogadni fényként és erőként Isten szavát. Ekkor csak *saját* zaját, *saját* emberi énjét hallja, melyet vegyít Isten finom impulzusaival. Ha ki akar fülelni magának valamit, és azt felebarátjával megosztani, akkor a finom, közvetett impulzusokat elegyíti saját emberi énjének zajaival.

Isten szavának kifülelése a *közvetett* vezetés, amely során az impulzusok a még beárnyékolt lélekburkokon keresztül érkeznek. Ez a vezetés *csak akkor* lehetséges, ha az ember nap, mint nap törekszik arra, hogy *megszüntesse* azt, amit saját magán felismert, és amit még le kellene tisztáznia: vagy azáltal, hogy átadja Krisztusnak, vagy jóvátétel által Krisztus erejének segítségével valamint megbocsátás és bocsánatkérés által. *

A *közvetlen* vezetés akkor kezdődik, amikor lelked a finom sugárzásban, a Mennyekhez vezető három előkészítő síkon él, melyeket gyermekségi síkoknak is nevezünk. Ezek a Türelem, a Szeretet és az Irgalmasság.

Aki ezzel szemben még erősen a vetés és aratás törvényében gyökerezik – amely a négy tisztítósíkon érvényes –, az még sok megfelelést hordoz magában, vagyis különböző súlyú megterheléseket. Isten az ilyen embert csak annak megterhelésein keresztül vezetheti, a vetés és aratás törvénye által. Tehát a felismertet le kell tisztáznia, el kell hagynia, és többé nem tennie. Ahogyan már elhangzott, ezt is nevezheted közvetett vezetésnek.

---

* Isten Szavának kifülelése csak akkor van az Ő akaratában, ha az Istenhez törekvő ember a harmadik fokozaton, a Bölcsesség fokozatán áll, tehát a Rend és az Akarat fokozatát a legmesszebbmenőkig megvalósította, és így önzetlenül tevékeny Krisztusért és Krisztussal, azaz teljesíti az „Imádkozz és dolgozz!" törvényt is. A felismert dolgok mindennapos megvalósítása a döntő! Csak ezután van összhangban Isten Törvényével a Belső Segítő és Tanácsadó belső hallása.

Isten, az örök Fény megszámlálhatatlan sok módon beszél az emberhez. A napi energia által elmondja, mit kellene ma letisztáznod. A napi események által is szól a megterhelt lélekhez és az emberhez, *oly mértékben* segítve naponta önfelismeréshez, amennyivel az meg tud birkózni. De különböző események és emberek által is – akik még a vetés és aratás törvényében állnak – beszél Isten földi ruhában lévő gyermekeihez, miáltal felismerhetjük magunkat azok szavaiban és saját kijelentéseinkben.

Ez még mind *közvetett* vezetés: Isten közvetett módon szólítja meg a lelket és az embert történések, dolgok, emberek, sorscsapások és betegségek által.

A téged ért problémák, a nélkülözés, a gond, a betegség és a sorscsapás, *nem* Istentől jön. *Saját magad* okoztad azt, az Isten, a Szeretet és az Élet Törvénye elleni téves magatartásoddal.

Isten, a Mennyei Atyánk és a védőszellemünk is figyelmeztet mindannyiunkat – mint ahogy téged is – megbegednénk vagy sorscsapás érne minket. Mielőtt tehát kitörne az emberen egy saját maga által előidézett ok hatása, Isten szelleme és a védőangyal ösztönzik gondolatait és érzékeit. Ha nem hallgat lelkiismerete hangjára, sem pedig a külső figyelmeztető jelzésekre, ha tovább vétkezik érzéseiben, gondolataiban, szavaiban és cselekedeteiben, akkor kiáramlanak a saját maga által teremtett okok, melyeket okozatként viselnie kell.

Isten és a védőszellem azonban az okozatokban is beszél az emberhez, vagyis gondolatokat ébresztenek lelkiismeretében, mint például: „Változtasd meg gondolkodásodat, bocsáss meg, és kérj bocsánatot. Akkor átalakulnak lelkedben az árnyak, melyek kihatnak testedre, és a szellemi atomok az Őserőre irányulnak. Ekkor lelked és tested befogadhatja segítő és gyógyító fényemet."

Felismered, hogy Isten tevékeny! A védőszellemed is nagyon közel van hozzád, és hatást gyakorol lelkiismeteredre. Ő is figyelmeztet, és megenged egyet s mást a külsőben, hogy felébredj bensődben.

Kedves testvérek, semmi sem létezhetne a pozitív erő nélkül, a negatívum sem. Tehát minden negatívban ott van a pozitív is. Ez azt jelenti, hogy minden vereségben, betegségben és bajban is ott van a pozitív erő, Isten.

Ha a pozitív erőket megszólítjuk, mind a betegségben, mind az ínségben és a sorcsapásokban is, miáltal nem panaszkodunk, hanem Istenre építünk, és őszintén Istenhez imádkozunk, akkor a negatívumban – vagyis a betegségben, ínségben, sorscsapásban – a pozitív erő válik aktívvá, és a negatívat, tehát a betegséget, ínséget és csapást, pozitívvá alakítja át, egészséggé, boldogsággá, örömmé és az összetartozás érzésévé. A mindenben jelen lévő pozitív erő segít, gyógyít és erősít.

A feltétel azonban az, hogy minden emberi helyzetben Istenhez fordulj, miáltal megbánod hibáidat, megbocsátasz, bocsánatot kérsz, és arra törekszel, hogy a felismert hibákat többé ne kövesd el. Ezáltal fordulsz Istenhez, a mi Atyánkhoz.

Ha tehát átadod magad Istennek a Benne való teljes bizalommal és hittel – a jóvátétel, megbocsátás és bocsánatkérés által –, akkor a lelked részecskéiben lévő szellemi atomok az Őserő felé, a megterhelhetetlen lénymag felé fordulnak, melyen keresztül ezután egyre több fény- és életerő áramlik feléd, és Istentől sok segítséget, fényt és gyógyulást fogadsz – ha ez lelked javára válik. A „Ha ez a lelked javára válik" mondat a következőt jelenti: Isten ismer téged, és tudja, hogy betartod-e a Neki tett ígéreted. Jövőbeli magatartásod szerint azt ajándékozza neked, ami jó további földi életed számára.

Ha Isten szeretetében maradsz, és a régi hibákat többé nem követed el, akkor biztos lehetsz benne, hogy amit Istentől kértél, az lelkedben már teljesült, azaz kéréseid meghallgatásra találtak. Isten ekkor már aktív a lelkedben, feloldja

az árnyakat és még több fényben részesít, feltéve
– mint ahogyan már szó volt róla –, ha állod a sza-
vad: Ha ezentúl arra törekszel, hogy a felismert
hibákat – mindazt, ami Isten ellen van – többé ne
tedd. Már a törekvéseket is megjutalmazza Isten,
a mi mennyei Atyánk. Ez az Ő kegyelme gyer-
meke számára.

Most felismerhetted, hogy mit jelent a közve-
tett és a közvetlen vezetés.

Barátod a nap: a napi energia – A lélek éjszakánként útra kel – Elpazarolt napok – A nap kezdete – A napló – Hallgatózás és hallás, nézés és látás

Az Istenhez vezető utat egy létrához hasonlíthatjuk. Talán hallottál már Jákob lajtorjájáról, mely sok fokával az égig ért. Hogyan vizsgálhatod meg saját magadat, hogy melyik fokon, illetve szellemi fokozaton állsz?

Minden napot fogadj jó barátodként! Tudd, hogy minden napnak a fénye energia. A napi energia minden frekvenciájának megvan a maga színrezgése és hangja.

Minden nap megszámlálhatatlan sok frekvenciát, tehát színt és hangot hoz magával.

Ha a lelkedben néhány vagy több, ugyanolyan vagy hasonló rezgésű szín és hang található, mely bensődből sugárzik, akkor az erők elkezdenek áramlani. Ezt az áramlást *kommunikációnak* nevezzük.

Ha létrejön a kommunikáció, akkor a rezgések bejutnak az ébertudatba, vagyis az agysejtjeidbe, és ott érzésekké és gondolatokká válnak. Így beszél hozzád a jó barátod, a nap. Megmondja, hogy mely emberi tulajdonságaidat kellene még ma letisztítanod, és hogy hogyan tudsz megbirkózni egy-egy adott helyzettel. Továbbá megmutatja például a nap szépségeit, hogy örömödet lelhesd bennük. Vagy figyelmeztet, hogy jószívű légy a szüleiddel és minden emberrel. Néha hagyja, hogy megbotolj vagy akár eless, hogy a gondolatok körhintája megszakadjon, és elgondolkodj arról, milyen gondolataid is voltak éppen, és hogy feltehesd magadnak a kérdést: vajon azok tetszenének-e Istennek, mennyei Atyánknak.

Jó barátod, a nap végtelenül sok mindent mutat neked. Mindenből tanulhatsz, és felismerheted magad. A napi energia által világos oldalaid egy részét is megmutatja neked Isten, aminek biztosan örülsz. Azonban az árnyoldalaid egy részével is szembesít, melyeket ma le kell győznöd.

A nap, a jó barátod erőt hoz neked, hogy az emberit legyőzd, és Krisztusnak átadd, hogy felebarátodtól bocsánatot kérj és megbocsáss.

Sok minden, amiket okoztál, esetleg sok éve történt, és még nincs letisztítva. Ha tehát valami még fennáll – hogy felismerd magad benne, és többé ne tedd –, azt hozzád vezeti a nap, a jó barátod, és még ma letisztíthatod.

Ha múltadat messzemenően megtisztítottad, akkor az említett korábbi események már csak emlékekként maradnak benned. Ha azokra az emberekre gondolsz például, akik igazságtalanul bántak veled, azonban most szeretetet, összhangot és békét érzel irántuk, valamint képes vagy fenntartások nélkül közeledni feléjük, akkor, ami volt, megbocsáttatott. A negatív erő pozitívvá változott. Mindezt abból ismerheted fel, hogy érzéseid békések, reakcióidat a jóakarat és a szeretet jellemzi. Az egykori megfelelések emlékké váltak.

A napi események sokaságából felismered, hogy Jákob lajtorjájának melyik fokán, azaz melyik szellemi fokozaton állsz.

Amikor az iskolába vezető úton vagy a munkahelyeden sokféle dolgot látsz és hallasz, vizsgáld meg érzéseidet és tested reakcióit! Mit tapasztalsz? Nyugodt vagy, vagy mérgelődsz? Abból, amit tapasztalsz, felismered szellemi fejlettséged mértékét, és azt, hogy miben kérd Isten segítségét felebarátaid számára. Imádkozz értük minden helyzetben! Akár legyőztél már azonosat vagy hasonlót, akár még megfelelések lángolnak fel benned és felizgatod magad felebarátod miatt: Imádkozz!

Ha újra és újra bizonyos kívánságok gyötörnek, akkor valamit még nem győztél le. Ha ezek a kívánságok már csak derengenek – és közben arra gondolsz, hogy „egyszer majd teljesülnek, ha Isten akarja" –, akkor többé nem szorongatnak, mert szellemileg megértél.

Mindez szeretne közölni veled valamit, amiből – a nap vezetése által – felismered, mit kellene még letisztítani, és mi az, amit már letisztítottál.

Ily módon láthatod, hogy az isteni Tudathoz vezető létra mely fokán állsz. Isten tehát a napi energia, a jó barátod – a nap – által megmutatja, mit kellene ma legyőznöd, és hogy mi az, amit már legyőztél.

Kedves nővér, kedves fivér, ismerd fel, hogy a földi ruhában minden nap új élet vár. Ugyanis reggelente, röviddel ébredésed előtt, lelked egy útról tér vissza földi köntösébe.

Ha az éjszaka folyamán felébredsz, azt hiszed, hogy a lelked a tested közelében volt, míg aludtál. Vagy azt gondolod a reggeli ébredéskor, hogy a lélek mindig a testednél és a testedben tartózkodott, hiszen amikor kinyitod a szemed, újra ugyanazt a környezetet látod, mint az előző napon. Mindez azonban másképp van.

Noha jó barátod ma is ugyanaz maradt, mégis egészen más eseményeket és benyomásokat hoz, mint tegnap. Ugyanis ma nem ugyanazt érzed és gondolod, mint az előző napon.

A ma, vagyis az új nap ismét más frekvenciákat és hangokat tartogat számodra, melyek azonosak a benned lévő rezgésekkel vagy hasonlítanak hozzájuk. A nap mozgásba hozza tehát lelked rezgéseit, és már indul is az új napi program: A számodra meghatározott napi frekvenciák aktiválják programjaidat, azaz lelked különböző rezgéseit, miáltal létrejön a kommunikáció. Ez agysejtjeidbe jut, gondolatvilágodba, és képes vagy érzékelni, hogy mit szeretne közölni veled Isten és a védőszellemed – jó barátod, a nap által.

Mondhatják például, hogy ezt vagy azt jó lenne letisztítani. Lelkiismereted segítségével megérzed ezt, és megérted gondolataidban. Ha követed bensőd szavát, érezni fogod: Amit tettél, jó és önzetlen volt; örülj neki!

A jó barát segít az iskolai feladatokban is. Ha tudatod világos és nincsenek kusza, azaz lényegtelen gondolataid, akkor észreveheted a megszámlálhatatlan sok segítséget, melyeket a nap tár eléd. Ez Isten, mennyei Atyád és védőszellemed, akik jó barátod, a nap által tevékenykednek.

A napi energia, illetve a napok alakulása szempontjából nagyon fontos, hogy lelked mely túloldali területeken tartózkodott, mialatt a tested mélyen aludt.

Éjjel ugyanis, amikor a test mélyen alszik, a lélek útra kel. Eközben azonban összeköttetésben marad a testtel, az úgynevezett ezüst- vagy információs fonalon keresztül, mely fenntartja a kapcsolatot a lélek- és az alvó test között, mialatt a lélek nem a testben tartózkodik.

Jegyezd meg, hogy emberi tested csak akkor tud elaludni, ha az erőben gazdag lélek, amely a szervezetedet ellátja energiával, lassan kivonul a testből; és ahogy fokozatos kilép, elalszol. Ha mélyen alszol, akkor lelked teljesen ki tud lépni testedből, ám ekkor is összekötetésben marad vele. A felületes alvás viszont gátolja a lelket abban, hogy egészen eltávolodjon a testtől.

Ez attól függ, hogyan viselkedtél az adott napon. Ha nagyon ideges voltál, és ezért nem tudsz mélyen aludni, akkor lelked nem tud teljesen kilépni a testedből. Ha azonban napodat harmonikusan és tudatosan élted meg, sikerült a napi munkád, mert jó barátod, a nap segíthetett neked, akkor békésen térsz nyugovóra, és lelked teljesen kivonulhat testedből, mialatt az mélyen alszik. Tehát minél mélyebben alszol, annál távolabbra juthat a lélek a testtől.

Elismétlem: Ha egy adott napon például nagyon megerőltetted magad testileg vagy sok lényegtelen dologgal és gondolattal foglalkoztál, akkor ideges vagy és felületesen alszol, mert nemcsak az ébertudatodat, hanem tudatalattidat is megterhelted különböző eseményekkel és megoldatlan dolgokkal. Ez azt jelenti, hogy lelked csak részben lép ki testedből, tehát nem jut el másik világokba, mert nem alszol elég mélyen.

Bizonyára előfordult már veled is, hogy elalvásnál tested hirtelen megrándult, és ezután rögtön újra teljesen éber lettél. Ez az a pillanat, melyben a lelked gyorsan visszatért testedbe. Ezek a hirtelen mozdulatok azt jelentik, hogy lelked részben ugyan a testeden kívül volt, azonban még nem tudott eltávolodni tőled. Röviddel azelőtt, hogy újra teljesen éberré váltál, gyorsan visszabújt a testedbe. Rándulás csak akkor történik, ha nem alszol mélyen – például elalváskor, vagy nagyon felszínes alvás esetén.

Ha már nincs több zavaró körülmény, akkor elalváskor az is megeshet, hogy bár észreveszed a rándulást, mégis nyugodtan alszol tovább. Észlelted, hogy lelked kilépett, lelked pedig érezte, hogy tovább alszol, így útjára kelhet.

Nemcsak kívülről zavarhat meg valami, hanem tudatalattidból is. Amikor elalszol, a lélek elkezd távolodni a testtől, és ez alatt röviden megmozdulhat valami tudatalattidban. Ha az ily módon megérintett események az ébertudatodba kerülnek, nem alszol el. Ekkor a lelked gyorsan visszabújik a testedbe. Bárhol tartózkodjon is a lélek, mindig összekötetésben van a testtel az információs fonalon keresztül.

Ha hosszú, mély álomból ébredsz, akkor nagyon ritkán fordulnak elő az említett ugrásszerű mozdulatok, mivel a test az ezüstfonalon keresztül időben közölte a vándorló lélekkel, hogy lassan fel fog ébredni, így a lélek már a testben van, mikor kinyitod a szemed. Nyugodtan ébredsz anélkül, hogy tudnád, hol tartózkodott a lelked.

Lehet, hogy most arra gondolsz, milyen érdekes lenne a lélekkel együtt átélni az utazását, hogy mit csinál, hol van éjszakánként, milyen benyomások érik. Nos, ezeknek a folyamatoknak nem kell rejtve maradniuk előtted, ha lelkedet megtisztítod téves magatartásod árnyékaitól, továbbá, ha ébertudatodat és tudatalattidat messzemenően távol tartod a súlyos megterhelésektől, emberi gondolatoktól és testi zaklatottságtól. Ha tehát szinte teljesen megszabadultál az unszoló kívánságoktól, a gondoktól, a problémáktól és a felebarátaidról alkotott emberi gondolatoktól, akkor lelked tükrözheti benyomásait neked, az embernek, hiszen szabad ébertudatod és tudatalattid befogadja a másik világokból hozott élményeket, melyeket a lélek képekben közvetít. A betükröződést valós álomnak éled meg, vagy akár éber állapotban röviddel az ébredés után, és tudod, hogy amit álmodtál, az úgy is van. Az effajta valós álmok gyakran egyúttal felismeréseket is hoznak számodra.

A valós álmokat úgy is nevezhetjük még, hogy tisztán érthető, illetve éber álmok, melyek többek között azt is megmutatják, hogy a lélek az Isten tudatához vezető létrának mely fokán áll, vagy, hogy mit dolgozik a lélek saját magán, ami az ember előtt még rejtett.

A lélek tehát szimbólumokat, képeket tükröz, hiszen a lélek nyelve képszerű nyelv – ez a tudatnyelv. Ezért ismerheted fel az ilyen álom szimbolikáján keresztül, hogy melyik tudatszinten állsz. A lélek tudatodba tükrözi belső felszabadulását vagy a még fennálló kötődéseit külső dolgokhoz és emberekhez.

Megéri figyelembe venni és teljesíteni Isten Törvényeit, valamint a napot hálásan elfogadni, melynek ösztönző energiája által felismerheted, mi az, amit földi léted folyamán naponta letisztíthatsz. A napi energia transzformátorként szolgál az isteni figyelmeztetések és az őrszellem számára.

A nap tehát a jó barátod. Függetlenül attól, hogy mit hoz – emlékeket, hogy törvényszerűen segíthess felebarátodnak, vagy megfeleléseidet, hogy letisztítsd ma, ami még fennáll – Krisztus, a Megváltód segít neked!

Az élet sokféle tapasztalatot ajándékoz, és bensőjében gazdaggá teszi az embert, ha az befogadja a nap impulzusait és azok szerint él.

Kedves nővér, kedves fivér, már sokan járják az Istenhez vezető utat. Te is szeretnéd ezt? Akkor tarts velünk: Fogadd el, és próbáld ki először ezeket a magyarázatokat, mert aki saját maga tapasztalatokat szerzett, az örömmel járja a Belső Utat. Sok ember csak azután tudja elfogadni Isten adományait a Szeretet Törvényéből, miután saját tapasztalatokat szerzett. Isten, mennyei Atyánk azoknak is segít, akiknek először saját tapasztalatokra van szükségük, hogy azután tudatosabban és célratörőbben járják a Hozzá vezető utat.

Próbáld ki és tapasztald meg, amit most elmagyarázok. Ám először következzen egy példa arra, hogyan éli számos ember a mindennapjait:

Sokan nem tartják féken gondolataikat és cselekedeteiket, miáltal elpazarolják napjaikat. Életük úgy telik, hogy figyelmen kívül hagyják, mit hoztak számukra a napok, hogy mit akartak és akarnak mondani. A napokat maguktól értetődő dolgokként fogadják: Felébrednek, felkelnek, és gondolkodnak, gondolkodnak, gondolkodnak – ellenőrizetlenül.

Mialatt az ember tisztálkodik és felöltözik, mindenféléről gondolkodik, gondolkodik és gondolkodik, ami éppen az eszébe jut. Így már reggel gondolatainak körhintájába kerül, melyben együtt forog minden lényeges és lényegtelen dologgal, és számára ez gyakran egyáltalán nem tudatos. Hagyja, hogy a sokféle gondolat és kívánság irányítsa.

A reggelinél azután beszél és beszél a családjával, vagy azokkal, akikkel éppen egy asztalnál ül. Nem veszi figyelembe, hogy felebarátainak esetleg egészen más a napi ritmusuk, mint neki. Mindig a középpontban szeretne lenni, és kimondja azt, ami éppen az eszébe jut. Mérges, vagy örül aszerint, hogy mire vagy kire gondolt.

Aki így él, annak tudatalattija és ébertudata megtelt ellenőrizetlen gondolkodással és beszéddel.

Az iskolába vagy a munkahelyre vezető úton a körhinta forog tovább. Folyvást beszél és beszél iskolatársaihoz vagy kollégáihoz, anélkül, hogy elgondolkodna, vajon amit mond, lényeges vagy lényegtelen-e, felebarátait érdekli-e vagy sem. Csak saját énjéből beszél.

Aki így viselkedik, annak ébertudata és tudatalattija eldugult, mert teletömte a rengeteg dolog, gondolat vagy kívánság, így nem képes a jó és törvényszerű beadagolásokra valamint a nap impulzusainak befogadására. Az ilyen emberből csak a saját énje folyik, ezért az isteni impulzusok és az őrszellem is alig tudja vezetni. Így nagyon kevés tudatosodik benne a napi feladatból, melyet ma kellene megvalósítania. Szavai csak saját beadagolásaiból, saját énjéből erednek.

Következésképpen – mind az iskolában, mind a munkahelyen – továbbra is azon gondolkodik, ami ébertudatában és tudatalattijában motoszkál. Ezért az iskolai vagy a munkahelyi feladatokat nem tudja oly mértékben megérteni és megvalósítani, ahogy kellene, mert ébertudatát és tudatalattiját valamint lélekburkait saját gondolkodásának sablonjaival, kívánságaival és elképzeléseivel töltötte meg.

Már délelőtt sem látja a Napot a csupa énközpontú felhő miatt. Azaz nem fogadja azt, amit a nap mondani szeretne neki. Gondol a múltra, gondol a jövőre, gondol a problémáira vagy a társával, a gyermekeivel, a nagyszüleivel, az iskolatársaival esetleg a kollégáival kapcsolatos bosszúságára. Elnagyoltan végzi munkáját, mely végül is kevéssé érdekl, hiszen állandóan saját magán jár az esze, vagy azon, hogy ki mit okozott vagy okozhat neki.

Az ebéd a reggelihez hasonlóan telik el: gondolkodik és gondolkodik, beszél és beszél. Az esti órák is így múlnak: újra csak gondolkodik, gondolkodik, beszél és beszél – végül azután egy tévéműsor más gondolatokra tereli.

Mit élt hát meg egy ilyen ember? Csak saját magát! De ennek általában egyáltalán nincs tudatában. Mit ismert fel, és mit tisztított le? Keveset vagy semmit sem. Tehát nem használta a napot, hanem a múlt, a kívánságai, és az elképzelései éltek benne és éltették őt, hagyta, hogy megfelelései éljenek rajta keresztül, melyeket egyúttal fel is erősített, hiszen csak *saját* ügyei körül jártak a gondolatai, csak azokról beszélt. A gondolatok és a szavak erők, melyekkel tovább építette és erősítette emberi programjait és megterheléseit. Ezért munkájával sem végzett oly mértékben, ahogyan tehette volna, ha a munkájára összpontosította és féken tartotta volna gondolatait, ahelyett, hogy a problémáin töprengett.

Tehát keveset vagy semmit sem ismert fel – összehasonlítva egy olyan emberrel, aki éberen figyeli a nap impulzusait, és aki megtisztítja azt, ami fennáll. Sem a tanár, sem a munkaadó nem elégedett vele, függetlenül attól, mi a munkája; hogy diák-e vagy alkalmazott, munkás-e vagy orvos, mérnök-e vagy kézműves. Az ilyen emberek, akik beszűkült tudatuk miatt csak magukon merengenek, iskolai vagy munkahelyi pozíciójuktól függetlenül gyakran fekete bárányok, akik sokat beszélnek, de keveset teljesítenek.

Kedves fivér, kedves nővér, vizsgáld meg este, hogy a te napod úgy zajlott- e, ahogy ecseteltem. Érzéseid és lelkiismereted megadják a választ!

Mindegyik nap érdekes, ha érdeklődünk iránta, ha használjuk, ha figyelemmel kísérjük, ha már reggel jó barátként fogadjuk, és ha hálát adunk Istennek, hogy ismét új napra ébredhettünk.

Amint reggel az ember felébred, a nap először eltakart alakként köszönti. Leple alatt rejti mindazt, amit ma kellene elintézni, letisztítani, akár a magánéletben, az iskolában vagy a munkahelyen.

A barát segít a napi feladat elvégzésében is, és nem egyszerűen jó, hanem nagyon jó ötleteket ad.

Már tudod, hogy nincsenek véletlenek. A közvetetten vagy közvetve ható energia mindent kijelölt és irányít: Vagy vetésed által, mely ugyancsak energia, vagy a közvetlen isteni energia által. A közvetlen isteni energia *vezeti* a lelket és az embert, a közvetett energia, a vetésed pedig *irányít*.

Az embereket vagy közvetetten *irányítja* a vetés és aratás törvénye, azaz programjaik, illetve vetésük, melyet saját maguk ültettek lelkükbe –, vagy közvetlenül Isten, a belső Élet vezeti őket, a vetés és aratás törvényének közbeiktatása nélkül.

Már olvastad és megértetted, hogy a közvetlen vezetés csak akkor lehetséges, ha már nem a vetés és aratás törvényében élsz, és lelked képes befogadni a fényes Istenenergiát. A közvetett vezetés vagy irányítás a vetés által történik, a saját magad alkotta okok által, melyek programokként a lelkedben vannak.

Figyeld éberen a nap impulzusait! Éld- és tapasztald meg magad bennük – és akkor felismered önmagadat.

Kedves nővér, kedves fivér szerezz magadnak egy praktikus jegyzetfüzetet, melyet *naplóként* használhatsz, és könnyen magadnál tarthatsz.

A fiúk például az öltönyben, a lányok a válltáská-
ban vagy az iskolai- illetve munkatáskában. Hogy
hol tartod, az teljesen rád van bízva. A napló
érdekes lesz, ha lelkiismeretesen vezeted!

Lehetséges, hogy szüleid írtak rólad *megis-
merési naplót* 12 éves korodig. Ha szeretnéd,
továbbvezetheted akár azt, saját naplódként.

Kérd meg szüleidet, hogy a megismerési nap-
lót zárják le, és ha akarod, írjanak hozzá aján-
lást a gyermekükkel – vagyis a veled – kapcso-
latos felismeréseikről. Ez bizonyára szép lezárása
lenne a gyermekkornak, és egyúttal azt az alapot
adná, melyre építhetsz, és amely megmutatja, mit
kell még letisztítanod, illetve, hogy milyen erős-
ségeid és gyengeségeid voltak gyermekkorodban
vagy éppenséggel még most is.

Elkezded tehát vezetni a naplót. Az első napi
élmények reggel érkeznek, miután lelked elvég-
zett egy kis reinkarnációt: egy másik világból tért
vissza testébe. Újra ébren vagy. Álmodtál? Emlék-
szel még az álomra? Lényegesnek tűnik? Ha igen,
készíts néhány bejegyzést a naplódba!

Az ébredés utáni első dolog a köszönet kellene,
hogy legyen, köszönet Istennek az új napért. Kérd
mennyei Atyánkat, Istent és Megváltódat, Krisz-
tust, hogy úgy tudd elfogadni a napot, ahogyan
jön, és ahogyan mutatkozik. Az imában gondolj

azokra az emberekre is, akikről tudod, hogy ma találkoztok. Ezek lehetnek például a szüleid, testvéreid, nagyszüleid; ha még iskolába jársz, akkor a tanáraid és iskolatársaid, vagy ha már dolgozol, akkor munkatársaid, bizonyos felelősök vagy a „főnök". Küldj jó gondolatokat feléjük.

Azokhoz az emberekhez is sugározz jó gondolatokat, akikkel ma az utcán fogsz találkozni, és akikről esetleg elgondolkodsz. Nem léteznek véletlenek! Tudd: Ha egy járókelő feltűnik neked, akkor ez az esemény közölni akar veled valamit. Vagy a megfeleléseidre kellene figyelned, vagy az összeköttetés gondolatait kellene küldened felé. Ezáltal a te és felebarátod lelkében is feloldódhat az, ami esetleg még egymáshoz kötöz titeket. Gondolataid elárulják, hogy felebarátoddal kapcsolatban fennáll-e még lelki tisztátlanság. De az is lehetséges, hogy a lelket még a lélekbirodalmakból ismered, vagy lelked emlékszik az emberben lévő szellemlényre, aki a Mennyben talán nagyon szoros kapcsolatban volt és van veled.

Mindez példa arra, hogyan fogadhatod el a nap még rejtett üzenetét.

Földi és szellemi fejlődésed során minden nap jó barátoddá fog válni. Ugyanis nem csak abban segít, hogy *felismerd* emberi énedet, hanem azt is megmutatja, hogyan tudod legyőzni. Tanulj meg hallgatni erre a barátra, és akkor nem csupán figyelmeztetni fog, hanem tanácsokkal is ellát.

Ha nem csak hallgatod, mit mondanak felebarátaid, ha nem csak nézed, amire pillantasz, ha tehát nem csak a külsőt regisztrálod, hanem hozzászoktatod magad, hogy *meghalld*, mit szeretne közölni veled barátod, a nap embereken, dolgokon és eseményeken keresztül; és ha nem csupán nézed, ami a szemed előtt van, hanem megtanulsz *látni* – ha tehát először hagyod, hogy a látottak és a hallottak hassanak rád, miáltal *valóban odafigyelsz* –, akkor hallani fogod, hogy mit mond neked barátod, a nap, és látni, mit közvetít számodra abból, amit embertársad nem mond ki.

Tudd, hogy a legtöbb ember csak hallgatja a szavakat, de nem hallja, mi rejlik mögöttük, illetve bennük. A legtöbben csak ránéznek a másikra, de nem látják, milyen is az valójában. Mindebből felismerheted a finom különbséget hallgatózás és hallás, valamint nézés és látás között.

Aki *hallgatózik*, az egy kíváncsi ember, vagy olyan, aki mindent az eszével szeretne felfogni. Így csak arra fülel, ami elhangzik, de nem hallja meg azt, amit nem mondtak ki, mert nem tud a szavakba és a szavak mögé hallani.

Aki csak *néz*, az csak azt ismeri fel és érti meg, amit saját lélekburkai, megfelelései, ébertudatának és tudatalattijának tartalmai közvetítenek. Ezért csak a látszatot észleli, vagyis azt, ami látszólag nyilvánvaló, ám az nem a valóság. Elnéz a valóság mellett.

Aki *lát*, az először is hagyja, hogy az adott szituáció vagy eset hasson rá. Ezért nem reagál meggondolatlanul, hanem megvárja, hogy a pillanatnyi helyzet vagy ügy leülepedjen benne, hogy az egészet alaposan szemügyre vehesse. Azaz: a pillanatnyi helyzetet és ügyet először magába fogadja. Ekkor a benyomások kommunikációba lépnek a benne lévő istenivel.

Eme kommunikáció azután aktiválja a szellemi erőket az ember lelkében, melyek rezgésekként az ébertudatba jutnak. Ennek következtében az Istenre irányult ember látja, amit mások nem látnak, hallja, amit mások nem hallanak – ezáltal tudja, hogyan birkózhat meg az adott helyzettel vagy dologgal.

Mindez azt jelenti, hogy amíg figyeled a pillanatnyi szituációt, illetve ügyet, addig ne beszélj és ne gondolkozz róla, hanem hagyd, hogy ezek először is hassanak benned.

Isten, az Élet tehát a nap, azaz a jó barát által szól hozzád, hogy megtudd, miként reagálj a különböző helyzetekben és esetekben, hogyan kezeld azokat, hogyan birkózz meg velük, valamint, hogy hogyan használd helyes módon a nap pillanatait.

Amint reggel kinyitod a szemed, és felébredsz, máris jön jó barátod, a nap az első gondolatokkal; néhányuk lényeges és meghatározza a napodat. Arról ismered fel őket, hogy megörvendeztetnek, és azonnal tudod, mit kell elintézni. Ezeket a gondolatokat rögtön jegyezd fel a naplódba.

A lényegtelen gondolatokat kóborló gondolatoknak is nevezzük, melyek olykor rád törnek, és befolyásolni akarnak, felhőkként beburkolni, hogy zavarossá tegyenek. Ezeket nyomban add át Krisztusnak, a Megváltódnak. Imádkozz rögvest odaadóan, és köszönd meg teljes szívedből az elmúlt éjszakát, az új napot és az egészségedet. Ha további lényeges gondolatok jutnak eszedbe a reggeli tisztálkodás alatt, akkor azokat is rögzítsd a naplódban.

Ezután – ha lehet, még reggeli előtt – ülj le nyugodtan, egyenes tartással egy székre, és szívből imádkozz Istenhez. Mondj köszönetet földi életedért és a reggeli ébredésért. Ismét adj hálát az új napért, melyet hálásan elfogadtál Isten kezéből. Köszönd meg az új erőket és a védettséget családod körében. Mondj köszönetet szüleidért is, akik gondoskodnak rólad, és akik – gyermekükként – óvtak, és most is óvnak. Imádban gondolj a Földön élő minden emberre, az ínségre és betegségre, a fényre és sötétségre.

Ha még van némi időd az ima vagy a reggeli után, akkor nézd át az általad feljegyzett gondolatokat. Hallgass bele papírra vetett szavaidba, és érezd, mit akar azokkal mondani neked a nap, a jó barátod. Közölni szeretné ugyanis, hogyan tudod befogadni és megvalósítani azt, amit leírtál a naplódba.

Így például az iskolával vagy a szakmáddal kapcsolatos gondolatok már a válaszokat is magukban hordozzák. A barát, a nap segít belehallani és beletekinteni a válaszba, hogy megtudd, mi játszódik le és mi áll fenn benned, továbbá, hogy hogyan győzheted azt le.

Minden jelzésben egyúttal ott van a megoldás is. Csak arra vár, hogy befogadják és *megvalósítsák*. Minden kérdés is magában foglalja a törvényszerű választ, mert mindenben Isten ereje, szeretete és bölcsessége van. Következésképpen minden kérdés és minden válasz egyúttal a megoldást is tartalmazza.

Ismerd fel: Az ellentétesben is ott van a megoldás, a pozitív. Minden gondban, minden nehézségben, mindenben, ami történik, ott van Isten szelleme, az Ő segítsége – és így tehát a megoldás. Milyen csodálatos ez!

Megismétlem: A megoldás, a pozitív, a jó mindenben benne van. Ez Isten szelleme, a mi mennyei Atyánk, aki minden dologról tud, aki ismer téged, mert az Ő gyermeke vagy.

Összefüggések a lélek, a finomanyagú és az anyagi égitestek között – A Földatmoszférában lévő energiamezők és a földhözkötött lelkek befolyásai – Fordulj Krisztushoz, a Megváltódhoz!

Isten, a mennyei Atyánk támogatni szeretne téged és segíteni, hogy ne haladj rossz irányba, hogy ne vezessenek tévútra.

Isten, a mennyei Atyád és az őrszellemed sokféle módon törekszik arra, hogy megóvjon téves magatartásodtól, vagy például attól, hogy embertársaid félrevezessenek, vagy akár, hogy olyasmire vegyenek rá, ami nem törvényszerű, tehát bűnös.

Aki az isteni törvény ellen cselekszik, vagy aki embertársait ilyesmire sarkallja, az megterheli lelkét. Azok is megterhelik magukat, akik a buzdítókra hallgattak, és megvalósították azt, amit esetleg éppen te rájuk kényszerítettél. Ezért légy éber!

Az okozó – aki ebben az esetben te vagy – megterhelése súlyosabb. Azonban a megvalósítók is megterhelik magukat, szellemi tudásuknak, szellemi felelősségüknek és cselekedeteiknek megfelelően. Embertársaiddal ezután oksági kötelékbe kerültök, mert a te ösztönzésedre vétkeztek az isteni Törvény ellen, és terhelték meg magukat. Az oksági kötelék egy láthatatlan szalag, amely a vetés és aratás törvényében egymáshoz köti azokat az embereket, akik közös okokat teremtettek.

Ezért ügyelj a viselkedésedre, és soha ne kényszerítsd rá akaratodat felebarátodra – hogy azt tegye, amit te helyesnek hiszel! Jusson eszedbe, hogy minden szó, minden cselekedet, mely törvénytelen, tehát az isteni Törvényen kívüli, a végzeteddé is válhat. A hatást gyakran nem azonnal érzed.

Lelked tárolja mind a törvényszerű, önzetlen, isteni magatartásodat, mind a törvénytelen, nem isteni, emberi viselkedésedet is. Amit a lélek eltárol, pozitívat és negatívat egyaránt, azt regisztrálják a finomanyagú égitestek is, a tisztulási bolygók. Hallottad, hogy szellemi értelemben a hasonló hasonlót vonz. Minden lelket – mely megvált földi testétől – a neki megfelelő rezgésű finomanyagú égitest fogadja be, és biztosít számára átmeneti otthont.

Már azt is olvastad, hogy Isten mindaddig közvetve vezeti az embert, amíg az a vetés és aratás törvényében él.

Az örök Atya törvénye a szeretet. A szeretet sugárzása, az örök Törvény tart fenn minden lelket és embert – valamint minden égitestet az egész végtelenségben. Isten szeretetének törvénye azokba az égitestekbe is besugároz, amelyek a te pozitív és negatív tulajdonságaidat tárolták. Ha egy isteni sugár megérint egyet az okaid közül, melyet egy bolygó regisztrált, akkor az az ok egyúttal lelkedben is aktívvá válik. Mielőtt azonban ez kitörne rajtad, Isten, a mennyei Atyád és az őrszellemed figyelmeztetnek téged – a nap eseményein keresztül.

Megismétlem: Ha Isten, a mi Urunk közvetetten vezet téged, tehát a nap történésein keresztül, vagyis emberek szavai, gesztusai, cselekvései vagy úgynevezett „véletlen" események által, akkor ezt Isten, az Abszolút Törvény, a Szeretettörvény az égitesteken keresztül teszi.

A vetés és aratás törvényében élő valamennyi emberre és lélekre hatással vannak az anyagi égitestek, melyeken keresztül vezetik őket, a lélek megterhelésétől függően.

Bizonyára ismersz csillagképeket és hallottál már a csillagok együttállásáról is. Az anyagi égitestek együttállásai azoknak az energiáknak a transzformátorai, melyek a lélekbirodalmakban lévő finomanyagú bolygóktól érkeznek. Ezek, akárcsak lelked is, tárolják az okokat.

Ezek után megérted a következőket is: Minden lélek, a megtestesült is, mely emberi testben tartózkodik, úgynevezett sugár- vagy információs fonal által összeköttetésben van a tisztulási bolygókkal, amelyek az ő okait tárolták. A lélek fénye csak addig terjed, ameddig a tudata kifejlődött, és ennek megfelelő vezetésben részesülnek a lelkek és emberek.

Sok megterhelt lélek és ember szoros kapcsolatban áll azokkal az energiamezőkkel, melyek a Föld atmoszférájában találhatók. Onnan hívnak le információkat. Ezeket az energiamezőket a finomanyagú tisztulási bolygók is mozgásba hozhatják, amelyek a vetés és aratás törvényében létrehozott okokat tárolták.

Aki életét nem Istenre irányítja, hanem földöntúli erőkre, az magához vonzza azokat a túloldali lelkeket is, melyek azután általa valósítják meg érdekeiket; azokat, amelyek végül is megfeleTésként már eleve benne voltak a nem Istenre irányult emberben. Befolyásolni azok a lelkek is képesek, melyeknek az érdekeik a megfelelő energiamezőkkel azonos rezgésűek.

Ha az ember lelke ezeknek az erőknek a befolyása alatt áll, akkor az ember is földhözkötött, mert lelke nem a Menny felé irányul, hanem megelégszik azokkal a besugárzásokkal, melyek az előbb említett területekről érkeznek. De így van ez a nagyon földhöz kötött ember lelkével is, ha az ember csak az anyagi jólétével törődik.

Ha a földhözkötött lélek elhagyja haldokló testét, nem tud betérni Isten fényébe. Mindaddig földhözkötött marad, míg Krisztusban felébred, és Krisztus által feltámad.

A Földön sok ilyen lélek található, ők az emberi szem számára láthatatlanok. Ezek a lelkek befolyásolhatnak földhözkötött embereket, tehát olyanokat, akiknek minden törekvésük az anyagra irányul, akik csak azt fogadják el, amit képesek látni, hallani, szagolni, ízlelni és tapintani. Ezek az emberek mélyre süllyedt, emberi énjüket dédelgetik, és másokat befolyásolnak – vagyis meghatározóan hatnak rájuk – és olyan dolgokat követelnek, melyek törvénytelenek.

A csak vagyonra, érvényesülésre és birtoklásra törekvőket befolyásolhatják tehát negatív erőmezők vagy földhözkötött lelkek. Az erős dohányosokat, alkoholistákat, mértéktelenül evő, tehát élvhajhászó, kábítószerfüggő vagy nagyon erősen szexuális beállítottságú embereket is befolyásolhatnak atmoszférikus energiamezők vagy földhözkötött lelkek.

Csak az önzetlen szeretet, az Isten és a felebarát iránti szeretet vezethet ki ezekből a veszélyekből és óvhat meg ilyen befolyásoktól. Ezért a legfelsőbb parancsolat számodra és minden ember számára így hangzik: Fejleszd ki magadban az önzetlen szeretetet, Isten Törvényét, mely belső szabadsághoz és függetlenséghez vezet.

Krisztus, Isten fia, a Megváltód, minden lelket és minden embert felkarolt golgotai áldozata által. Az „Elvégeztetett" révén kioldott egy részt az ősenergiából, az Ő isteni örökségéből, a központi Ősnapból, azt felosztotta, és minden léleknek átadott belőle egy szikrát. Ezáltal minden lélek stabilizálódott. Ez azt jelenti, hogy a lélek nem fejlődhet annyira vissza, hogy esetleg állat alakjában kelljen testet öltenie vagy, hogy növények vagy ásványok sugárzási szintjére kerüljön.

Egyes vallások azt tanítják, hogy a lelkek állatokba, növényekbe vagy kövekbe is újjászülethetnek. Ez nem felel meg Isten egyetemes törvényének – a sötétség akarta ezt, amit Krisztus megakadályozott az Ő Megváltó Tette által.

A „Tanácsot adok – elfogadod?" című kötetből már tudod, hogy a kövek, a növények és az állatok is mind-mind egy-egy élet Istenből. Ők még a tökéletes szellemtest kialakulásához vezető fejlődési folyamatban vannak, amely majd az Istengyermekség szintjére emeltetik. A köveknek, a növényeknek és az alacsonyabb rendű állatfajoknak nincs lelkük. Ők az úgynevezett kollektív társulás részei, ami azt jelenti, hogy Isten fénye besugározza és élteti az azonos mértékben fejlett fajokat, melyek az örök Törvény révén egyre magasabb fejlettségi fokra emelkednek.

A golgotai áldozat által minden lélek megkapta a stabilitást jelentő erőt a megváltó Krisztus isteni örökségéből, mely megóvja istengyermekségi mivoltát. Ennek okán soha nem bukhatnak olyan mélyre, hogy az állati, növényi és ásványi területeken keresztül végül egyetlen sugárrá fejlődjenek vissza, melynek újra elölről kellene járnia az evolúciós létrát: az ásványoktól a növényeken, az állatokon, a természeti lényeken át, egészen az Istengyermekségig.

Hogy felismerd, elismétlem: A lélek sem állatként, sem növényként, sem kőként nem testesülhet meg. A megváltó erő megvédte attól. Krisztus – az Ő megváltó tette által – minden lelket és embert felkarolt, elfogadott.

Most biztos azt kérdezed, hogy ha Krisztus elfogadott téged, akkor mikor tud *be*fogadni? Akkor, ha lehetővé teszed Számára. Ez azt jelenti: ha Krisztus felé, a benned lévő isteni fény felé fordulsz – ha tehát arra törekszel, hogy önzetlenné válj.

Önzetlenné válni azt jelenti, hogy csak Istennek akarj tetszeni, miáltal békét tartasz embertársaiddal, nem szidod őket, hanem megértést tanúsítasz irántuk úgy, hogy szeretetteljesen és jóságosan gondolkodsz és beszélsz, valamint segítesz azoknak az embereknek, akiknek arra szükségük van – anélkül, hogy jutalmat vagy elismerést várnál el. Ez az önzetlenség.

Isten, a mennyei Atyánk Krisztusban, és a védőszellemed segítenek, hogy önzetlenné válj. Közvetve vezetnek téged, és megmutatják, hogy önzetlen vagy-e már, vagy, hogy mi az, amin még dolgoznod kell.

Már tudod, hogy sokféle közvetett vezetést élsz meg Isten Szelleme által a napi energián – tehát a napi eseményeken keresztül, emberek által, akikkel találkozol, szüleiden, nagyszüleiden, rokonaidon, tanáraidon, munkatársaidon vagy a főnöködön keresztül a munkahelyeden. Járókelőkön, játszó gyermekeken, valamint minden emberen és dolgon keresztül, melyek feltűnnek neked, és melyek elgondolkodásra késztetnek, átéled, hogy önzetlen vagy-e, vagy megtapasztalod, hogy min kell még dolgoznod. A halló-, a szagló-, az ízlelő- és a tapintóérzéked is kiválthat benned gondolatokat, melyek megmondják, mi az, amit már letisztítottál, mit nem, illetve mi az, amit még meg kellene valósítanod.

Légy éber, és törekedj megtisztítani az emberit, az által, hogy bocsánatot kérsz és megbocsátasz, ha például egy heves szóváltásba keveredtél vagy akár verekedtél. Ha ezután azonos vagy hasonló okokat többé nem teremtesz, akkor Krisztus befogadott.

A pozitív, törvényszerű élet által bővíted a tudatodat; Krisztus fénye egyre erősebben világít benned, és egyre jobban átsugároz. A dolgokat és eseményeket is egyre inkább helyes fényben látod. Ha ezután a szellemi fejlődésednek megfelelően érzel, gondolkodsz, beszélsz és cselekszel, akkor Krisztus által és Krisztusban feltámadsz.

Tested halála után lelked többé már nem kötődik a Földhöz. Világos lelked a világos, finomanyagú bolygók felé veszi útját, melyek a tiéddel azonos rezgéssel rendelkeznek. Tudd: A segítség benned van, ami nem más, mint a Krisztus-Istenszellem, a Megváltód.

Nincsenek véletlenek, hanem csak vezetés vagy irányítás – Az ember önprogramozása

Nővéredként a Fényből én, Liobani megoszthatom veled, hogyan érezhetsz, gondolkodhatsz, beszélhetsz és cselekedhetsz helyesen – vagyis törvényszerűen. Hogy jobban megérts, kicsit messzebbről fogom kezdeni magyarázataimat:

Lelkedet és testedet a számítógéphez hasonlíthatod. Mint ahogyan a számítógépet programozzák – tehát adatokat tárolnak benne –, úgy programozza az ember az ébertudatát és tudatalattiját – tehát az agysejtjeit – és lelkét, lelkének részecskéit. Érzéseivel, gondolataival, szavaival és cselekedeteivel tehát saját magát programozza be. Ezek a programozások irányítják azután őt. Az irányítás pedig hat az öt érzékére is: saját programozásának megfelelően lát, hall, szagol, ízlel és tapint.

Minden ember tárolt különböző programokat lelkében földi léte során. Ha ezek aktívak, akkor kapcsolatban állnak a Föld atmoszférájában lévő ugyanolyan vagy hasonló programokkal. Ezt a kapcsolatot *kommunikációnak* is nevezem.

A programok energiakomplexumok, azaz energiamezők, amelyek számtalan érzésből, gondolatból, szóból és cselekedetből állnak.

Ehhez egy példa: Az iskolába vezető utadnak is egy program szolgál alapjául, melyet te határoztál meg – szüleid, nagyszüleid vagy az iskolatársaid segítségével. Például azon gondolkodtál, hogy az iskolához melyik utat válaszd – és azokat ki is próbáltad.

Mielőtt döntöttél az egyik vagy a másik út mellett, megfontoltad, melyik rövidebb, melyiken lehet kellemesebben gyalogolni, mely házak előtt haladsz el, kik laknak ott, kikkel fogsz találkozni és hasonlók. Ezt mind magadba fogadtad, ami most egy program, melyet agysejtjeid tárolnak.

Ez a program – vagy energiamező, energiakomplexum – újra és újra kapcsolatot, kommunikációt keres a neki megfelelő energiamezővel, például az iskolai utadéval. Ezért ezzel az energiakomplexummal kommunikálsz majd, és szinte automatikusan gyakran ugyanazt az utat választod.

Ha például több odavezető utat is kipróbáltál, akkor különböző kisebb programokat alakítottál ki. Néha felötlik benned, hogy ezúttal egy másik úton menj, azután egyre gyakrabban gondolsz rá, és egyszer csak valóban egy másikat választasz.

Lásd, hogy ez sem véletlen – mint ahogyan az életben semmi sem az. Nem léteznek véletlenek az egész végtelenségben! A láthatatlan erő, akit Istennek vagy Isten Törvényének is nevezünk, mindent jól elrendez. Az egész végtelenségben nincs semmi, ami Isten Törvényén kívül lenne. Minden, a legkisebb porszem is alá van rendelve az isteni Törvénynek. Az Abszolút Törvény, Isten áthatja a vetés és aratás törvényét is, vagyis az oksági törvényt, mely ugyancsak alá van rendelve az isteninek.

Akár fény- és erőteljes már a lelked, tehát Isten Törvényében él, akár a vetés és aratás törvényében, alá vagy rendelve az Abszolút Törvénynek, Istennek!

Nincsenek véletlenek, hanem csak irányítás vagy vezetés.

Az örök Igazság számtalan fazettája sugároz ebbe a világba. Ezért az „irányítás" és „vezetés" fogalmakat az örök Igazság egy másik aspektusából is meg szeretném világítani:

Aki még a vetés és aratás törvényében, vagyis az oksági törvényben él, azt saját okai, lelkének árnyai *irányítják*. Az Abszolút Törvény noha mindenben hat, ami van, minden dologban, az emberekben, a lelkekben, a csillagokban, az állatokban, a növényekben és a kövekben. Azonban amíg az ember az oksági törvényben él, addig az örök Törvény nem tudja teljes egészében átjárni a lelket és az embert, hanem közvetve hat rá, okaira és árnyaira, a vetés és aratás törvénye által.

Ezt így is elképzelheted: Az ember okait, lelkének árnyékait egy duzzasztógáthoz hasonlíthatjuk. A duzzasztógát az akadályozó ok. Nem hagyja, hogy az örök Törvény szabadon folyjon, hanem visszautasítja Isten áramlatát, amely azonban kis csermelyként átcsörgedezik a gáton. Ez az életerő, amely épphogy fenntartja az embert. Azt mondhatnánk: ez az az erő, amely – amennyire lehet – életben tartja az emberi testet. Minden más a lappangó vagy aktív árnyakon keresztül megy végbe, amelyek alakítják és befolyásolják az embert.

Isten áramlata, az isteni sugárzás sem az anyagot, sem a lelket nem tudja akadálytalanul áthatni, mert az árnyékok, a megterhelések útban vannak. Azonban a sugárzás az árnyékok egy vagy több részterületébe ütközik. Ekkor az emberi én árnyainak eme részterületei aktiválódnak; irányítják a lelket és az embert, valamint mozgásba hozzák azokat a dolgokat, amelyeket az ember alkotott, és amelyekhez még kötődik.

A napi energia is – melyben Isten fénye hatékony – megmozdít dolgokat, lelkeket és embereket, és nyilvánvalóvá teszi mind a jót, mind a kevésbé jót, vagy, ahogyan te nevezed: a rosszat.

Mindezt egykori beadagolásaid, vagyis programjaid, okaid irányítják. Tehát az irányít, ami aktív a lelkedben, amit a korábbi és jelenlegi földi életedben okoztál – amit tehát a lelkedben illetve az ébertudatodban és tudatalattidban tároltál.

Hogy az általad teremtett törvény *irányít-e* földi életedben, vagy Isten, az örök Törvény *vezet*, az lelked megterheléseitől függ, de mindenekelőtt attól, hogy mit valósítasz meg.

Felismerheted ezt, ha figyelmesen követed reakcióidat, például bizonyos embertípusokkal történő találkozáskor, vagy ha megbotlasz, ha kiesik egy tárgy a kezedből, ha a felebarátod olyasmit mond, amivel nem értesz egyet, vagy ha netán szidalmaz. Abból ismered fel az irányítást vagy a vezetést, hogy hogyan reagálsz: hogy felizgatod-e magad, negatívan gondolkodsz és beszélsz-e, te is szidod-e felebarátodat – vagy, hogy higgadt és nyugodt maradsz-e, függetlenül attól, hogy ki jön hozzád, vagy mi történik veled.

A következő példa is lehetséges: Az iskolába vezető úton újra és újra ugyanazokkal az emberekkel találkozol. Látod őket, és elmész mellettük anélkül, hogy elgondolkodnál róluk. Talán egyik-másik járókelőt nagyon barátságosan üdvözlöd, mert gyakran találkoztok, de nem gondolkodsz róla tovább. Lehet, hogy ez így megy napokig, hetekig, akár hónapokig. Aztán egy napon az egyiküknek már nem tudsz szabadon köszönni. Neheztelsz rá. Észreveszed, hogy bosszant a viselkedése, noha mindig is ilyen volt.

Csupán eddig nem láttad tudatosan. Mi lehet ennek hátterében?

A járókelő lelkét és a te lelkedet okok kötik egymáshoz, melyeket egyik előző életetekben teremtettetek. A mai napi energia megérintette lelkedben ezeket az aspektusokat. Lelkületed felpezsdülése által mit szeretne mondani a napi energia, a jó barátod? Azt akarja közölni, hogy kérj bocsánatot ennek az embernek a lelkétől! Nem kell megszólítanod az embert, hiszen ő erről semmit sem tud, csak te sejted ezt. Ha bocsánatot kérsz a járókelő lelkétől azért, ami egykor megtörtént – miközben nem kell tudnod, hogy *mi* volt az –, akkor finom sugarakat bocsátasz felé. A lelke – érettségi fokától függően – tudtán kívül vagy akár tudatosan is befogadhatja ezeket a finom rezgéseket. Eközben a benned és a felebarátodban, a járókelőben rejlő okok átalakulhatnak, melyektől ily módon szabaddá válhattok – vagy a megterhelésnek csak egy része marad meg lelketekben. Ez a megterhelés súlyosságától függ.

Az is megtörténhet, hogy benned már minden letisztult, a járókelő lelkében azonban még nem, mert a napi energia a bolygók együttállása által őt még nem tudta elérni. Ezért lehet, hogy ebben a földi életben újra találkozok, és akkor felebarátodnak, a járókelőnek hasonló élményben lesz része, mint ma neked.

De az is lehet, hogy majd csak egy másik földi életben találkozok vagy lélekként a tisztulási övezetekben, ha még mindig a megfelelő okokat hordozzátok.

Ha te azonban már mindent megszüntettél, és csak felebarátod lelkében maradtak bizonyos okok részei, akkor *neked* már nem kell találkoznod vele, a lélekbirodalmakban sem: Lelke még találkozhat veled néhányszor a tisztulási övezetekben vagy emberként a Földön. Mind lelkének, mind az embernek lehetnek még gondolatban nehézségei veled – hasonlóan, mint ahogyan az veled történt a példában. Részedről azonban már nem szükséges sem a kapcsolatfelvétel, sem az, hogy lásd őt.

Ha mégis találkozol vele – mert az számára jó, és mert ez által újra felismerheti magát –, akkor szeretetteljes, barátságos üdvözletet kap tőled, hiszen te már a vele kapcsolatos okok alól felszabadultál. Ez az üdvözlés bizonyos körülmények közt segít lelkének és az embernek levetni azt, ami még őbenne ellened parázslik.

Ha az ismételt találkozáskor szíved és kedélyed nyugodt marad, akkor biztos lehetsz benne, hogy a felebarátod elleni vétségekből sok mindent vagy mindent letisztáztál.

Ez a példa jól szemlélteti, hogy mit jelent az irányítás és a vezetés: Amíg az emberek között van mit letisztítani, addig *irányítva* vannak. Adott időben egymáshoz kerülnek. Ha azonban lelkedben minden messzemenően tiszta, akkor árnyékaidat átjárta a Fény; ekkor fokozatosan *vezetésben* részesülsz: Ezután is sok emberrel találkozol, de már csak béke és kisugárzó szeretet van benned.

Figyelj tehát arra, hogy hogyan viselkedsz az emberekkel és dolgokkal kapcsolatban! Akkor fel fogod ismerni, hogy ami terel, az irányítás vagy vezetés-e.

Ismerd fel: Ha például egy esemény vagy egy ember megbotránkoztat, és felizgatod magad, akkor ez az ügy vagy találkozás mondani szeretne neked valamit – mert véletlenek nincsenek.

Minden izgatottság azt mutatja, hogy valami saját magadban nincs rendjén, hogy valamilyen ok van benned. Soha nem a dolog, az ügy vagy az a másik ember a kizárólagos okozója felindultságodnak. Ezért elsősorban nézz saját magadba!

Még egyszer visszatérek az iskolába vezető út példájára: Hétről hétre tehát ugyanarra mész. Egy nap azonban hirtelen eszedbe jut, hogy egy másikat választasz. Mi ennek az oka – ha abból indulunk ki, hogy nincsenek véletlenek?

Ami ma arra a másik útra vezetett, további ösztönzéseket adhat, hogy felismerd magad, és hogy a felismert emberi tulajdonságokat letisztítsd. Amit azonban felismertél, azt meg is kellene valósítani.

Jöhet egy ismerős is, aki elvisz az autójával. Ha vezetve vagy, akkor nagy örömöt élsz át, mert akkor Isten – a nap által – megajándékozott téged azért az önzetlen szeretetért és jóságért, melyet embertársaid iránt tanúsítottál ebben vagy az előző életek valamelyikében. Ez tehát a közvetlen vezetés Isten szeretetének abszolút Törvényéből. Isten, a mi Atyánk jóságos.

Találd meg minden ellentétesben a pozitívat – Törvényszerű válaszok és megoldások – A negatívat a pozitív által szólítsd meg!

Már hallottad, hogy minden negatívban benne van a pozitív.

A pozitív a megoldás mindenre, ami ér téged. A pozitív erők megmondják, hogyan küzdd le az ellentétest, az emberit, és hogy mely lépéseket kell megtenned. A pozitív erők azt is közlik, mi jellemez téged: Most még az vagy, ahogyan gondolkodsz és beszélsz, tehát ahogyan kommunikálsz. Ha például ellentétes érzések kavarodnak fel benned – legyen az akár csak egy pillanatnyi irigység vagy féltékenység –, akkor keresd meg bennük a megoldáshoz vezető pozitívat! Hiszen ahogy hallottad, minden felindulásban, minden emberiben ott van a pozitív csíra, mely segítséget jelent a felismeréshez és a megvalósításhoz.

Imádkozz sokat, valamint kérd újra és újra Isten Krisztusát, a benned lévő Szellemet a belső vezetésért és a felismerésért minden dologban! Azáltal, hogy arra kéred Isten szellemét, hogy segítsen felismerni és letisztítani az emberit, mozgásba hozod a csírát, a pozitív erőt. Ezáltal erősebben kezd el rezegni, és megkeresi benned azt az utat, amely által megnyilatkozhat számodra. Hogy a megoldás mikor és milyen módon érkezik hozzád, azt bízd rá Istenre, mennyei Atyádra Krisztusban, a Megváltódban. Bízz benne, hogy Isten kezéből meg fogod kapni a megoldást – *akkor*, amikor az jó lesz számodra.

Minden, amit az ember magához köt, ahhoz ő maga is kötődik. Ha az ember művei az isteni Törvény elleniek, akkor azokat áthatja az oksági törvény, a vetés és aratás törvénye, továbbá az alkotó kötve van emberi művéhez.

Ám, ha az ember alkotását Isten akarata, vagyis Isten Törvénye járja át, akkor tevékenysége megáldott és áthatja a Szeretet törvénye.

A jó emberek, akiknek a lelkük világos, nem kötik magukhoz embertársaikat. Ugyanis nem várják el, hogy mások azt tegyék, amit saját maguk tartanak helyesnek. A fénnyel telt emberek megértőek, toleránsak és jóindulatúak. Ennek megfelelőek műveik és cselekedeteik is. Ez a szellemi magatartás önzetlen szeretethez és a felebarát igaz szolgálatához vezet. Az ilyen emberek cselekedetei nemesek, mert nem csupán a saját jólétre irányulnak, hanem a közjót szolgálják.

Az önző emberek csak magukra gondolnak. Bármit is tesznek, nagyobb megbecsülést és elismerést akarnak.

A megértés, a tolerancia és a jóindulat nem jelentik azt, hogy felebarátod negatív tevékenységét helyeselned kell!

Azonban ne beszélj negatívan a felebarátodról és annak tevékenységéről, mert mindenki másmás tudatszinten áll, és bizonyos körülmények között nem ismeri fel, amit pillanatnyilag tesz. Noha a szellemi ember megszólíthatja az ilyen ember hibáit és gyengeségeit, azonban nem szabad, hogy azokat a szemére vesse.

Isten Törvénye, az önzetlen szeretet szerint a szellemi ember arra törekszik, hogy a negatívat a pozitív által szólítsa meg. Ez a következőt jelenti: Találd meg minden emberiben, minden negatív beszédben és cselekedetben a pozitívat. Azután szólítsd meg először azt a pozitívat – és csak utána a negatívat! A felebarát iránti megértéssel, toleranciával és jóindulattal sok pozitív aspektust találsz felebarátodban. Arra építsd fel a beszélgetést, majd óvatosan tereld át a szót a helytelen magatartásra és tevékenységre.

Aki először a pozitívat szólítja meg, az meg is találja a megfelelő szavakat arra, hogyan hívja fel felebarátja figyelmét az ellentétes dolgokra. Ismerd fel: Azáltal, hogy a pozitívból kiindulva érted el az ellentétest, tehát, hogy ily módon vezetted a beszélgetést, megtetted a lépést a személytelen gordolkodáshoz, beszédhez és cselekedethez.

Bizonyára azt kérded, mi személyes és mi személytelen? Később még visszatérek rá magyarázataim során. Addig türelmedet kérem.

Még egyszer szeretnék szót ejteni a megoldásról, mely minden ellentétesben benne van:

Például találkozol az iskolatársaiddal vagy tanáraiddal. Észreveszed, hogy nem mindegyikük tűnik boldognak. Az egyik mogorva, a másik nem viszonozza az üdvözlésed, noha hallotta azt. A harmadik lehorgasztja a fejét, mert súlyos gondolatok nyomasztják; a következő barátságos és boldogság sugárzk tekintetéből.

Az alapmagatartás érvényes: Légy mindannyiukkal megértő. mert te is gyakran vagy ilyen, illetve hasonló helyzetben! Ők is irányítva vagy vezetve vannak, lelki megterheléseiktől függően. Ha például az iskolában a barátokkal vagy barátnőkkel beszélsz, légy tudatában, hogy minden kérdésben, minden szóban és minden mondatban egyúttal benne van a megoldás, a válasz is, melyet Isten Törvénye szerint adhatsz.

Ha pozitívan, azaz önzetlenül beszélsz vagy írsz, akkor nem kell keresned a szavakat, a megoldást, mert szavaid ekkor világosak és egyértelműek. Először s önmagadban érzed, mit kell mondanod vagy írnod. Ezért mindenekelőtt hagyd, hogy amit hallottál vagy olvastál, rezegjen benned, és csak azután válaszolj, beszélj, írj vagy cselekedj.

Minden emberben, benned is, ott van az egyetemes tudat. Ez a megterhelhetetlen Szellem, Isten, a mindent átjáró erő, mely minden létben hat. Következésképpen megadja neked Isten szelleme a törvényszerű választ minden kérdésre, és a törvényszerű megoldást minden nehézségben és minden problémához.

Törvényszerű válaszokat és megoldásokat csak az egyetemes tudatból, a mindenkor és mindenütt jelenlévő, áramló szellemből, Istenből fogadhatsz. Ennek feltétele, hogy többé ne ítélj, illetve ne ítéld el embertársaidat, tehát, hogy ne ítélkezz felettük szavaik és cselekedeteik miatt, hanem hogy megértést tanúsíts irántuk. Akkor képes leszel a bensődből meríteni.

Megértőnek lenni természetesen nem annak helyeslését jelenti, hogy az emberek olyanok maradjanak, mint amilyenek sokan: emberiek, törvényellenesek, azaz magatartásuk szinte mindennel kapcsolatban törvénybe ütközik.

Ha az énedet újra és újra elfogadod, hogy felismerd és legyőzd, miáltal egód fazettáit Krisztusnak átadod, és ahol szükséges, bocsánatot kérsz, megbocsátasz, és jóváteszed, amit okoztál, akkor egyre inkább önmagadban élsz, és közelítesz a bensődben lévő istenihez.

Minél közelebb kerülsz az isteni Ősforráshoz, válaszaid annál inkább az isteni Törvény fényében állnak. Azután minden nehézség és probléma megoldása is a benned lévő tiszta forrásból, Istenből áramlik hozzád. Ez a lelkedben rejlő isteni, a megterhelhetetlen, amely minden probléma és nehézség megoldását megmutatja, és amelyből feléd árad a törvényszerű válasz is minden beszélgetésben és minden kérdésre.

A válasz és a megoldás, melyet Isten szelleme, a Szeretet örök Törvénye ad neked, *személytelen.*

A személytelen nem értékel. Úgy mutatkozik meg, hogy sem te, sem felebarátod ne szenvedjen kárt. A személytelen tiszteletben tartja minden lélek és ember szabad akaratát. Nem kényszerít, csak tanácsot ad, segítséget nyújt, valamint meghagyja a szabad döntés jogát neked és felebarátodnak is, miszerint akár másként is cselekedhettek. A személytelen az isteni tanácsadó benned, mely nem szabja meg, hogy mit tegyél.

Törvényszerű, személytelen válasz és megoldás csak azután jön a bensődből, ha arra törekszel, hogy elhagyd emberi tulajdonságaidat, hogy közelebb kerülj az Ősáramlathoz, az egyetemes tudathoz. Tehát ne bíráskodj és ne ítélkezz; mert minden, ami tőled indul ki, visszatér hozzád!

Ha a felebarátaiddal – szüleiddel, rokonaiddal, iskolatársaiddal és tanáraiddal – beszélsz, gondolj a szavaimra: Maradj személytelen! Találd meg *magadban* a helyeset, amellyel hozzájárulhatsz a beszélgetéshez: a törvényszerű választ és az igazságos megoldást is a nehézségekben és a problémákban.

Hogyan találsz Istenhez a bensődben, a belső Istenhez, aki az egyetemes tudat, az Ősszellem?

Először is vond vissza érzékeidet! Ne csak a külsőségekre tekints! Minden külső, bármilyennek tűnik is, magában rejti a jót, az istenit, a létet. Ne csak az emberi szavakat füleld. Hallgass bele saját magadba, és megtalálod bennük az értelmet.

Ne azon járjon az eszed, amit éppen mondanak, hanem először is fogadd magadba az elhangzottakat, majd kérd Istent a helyes válaszért, a törvényszerű beszélgetésért. Ezután fogadni is tudod a megoldást!

Tudd meg, hogy az ember, az alacsony „én", nagyon gyorsan lebecsül másokat, és ezzel ítéletet hoz. Aki lebecsül, az önmagát akarja azáltal felmagasztalni. Aki másokat lebecsül, hogy saját magát felmagasztalja, az kevés szellemiséggel rendelkezik. Hiányt szenved az isteni energiákban. Lebecsülni annyit jelent, hogy ráfogunk valamit felebarátunkra, vagy költünk róla valamit, illetve emberi dolgokat híresztelünk róla. Aki így cselekszik, az ezzel ezt akarja mondani: „Én jobb vagyok, mint a felebarátom." Ez önmagunk felmagasztalása.

Tehát fékezd magad és törekedj rá, hogy magadba fogadd, amit felebarátod mond! Ez csak akkor sikerül, ha *elfogadtad* felebarátodat – ha tehát nem becsülöd le, hanem meghallgatod anélkül, hogy közben minősítenéd őt gondolataidban. Elfogadni annyit jelent, mint megértőnek lenni; mert ha megértő vagy, akkor tudod a másikat is igazán megérteni. Csak ezután áramlik bensődből a helyes válasz vagy a törvényszerű megoldás, ami azt jelenti, hogy a helyes válasz vagy megoldás tudatossá válik számodra.

Ha tehát el tudod fogadni felebarátodat, akkor szavait szellemi tudatodnak a már feltárt, azaz terhektől mentes és világos részébe fogadhatod be. Ha az isteni tudatod körül lebegő árnyékokat már átjárta vagy akár meg is szüntette a fény, akkor a világosság egyre erősebben dereng át. Ekkor fogadod a törvényszerű megoldást, amely azután az általad megtisztított és az Istenre irányult agysejtekbe sugárzik, így közvetlenül megkapod a választ minden nehézségre, problémára, kérdésre vagy beszélgetésekhez, levelekhez.

Az iskolai feladataidban is benne van a törvényszerű megoldás. Erről még szó lesz a későbbiekben.

Minden törvényszerű megoldás és válasz tehát benned van, mert a belső tested isteni, maga az Abszolút Törvény. A törvényszerű megoldások és válaszok csak akkor jutnak el hozzád, ha felebarátod*ért* vagy, nem pedig *ellene*.

Az Abszolút Törvénynek minden kérdésre megvan a törvényszerű válasza, valamint minden nehézségre és problémára a törvényszerű megoldása – mindenre, ami csak történik.

Magukban a tárgyakban is ott a pozitív erő, a megoldás az azokkal összefüggő problémákra és nehézségekre. A törvényszerű megoldás megmondja neked, hogyan mozgass, szemlélj és használj tárgyakat és dolgokat.

A feltárt szellemtudat – A valódi gazdagság – Imádkozz és dolgozz! – Minden szükséges dolgot elraktározunk, például a tananyagot is – A tisztát a tiszta szolgálja

Kedves testvérem! Hogyan érheted el az Istenben való életet, ami oly csodálatos? Én tudom, mert ez az élet vagyok, mint ahogyan te is az vagy!

Sok ember azonban ezt nem tudja, mert még mindig ítélkezik, elítél másokat, és mindent szűk, emberi látókörének megfelelően intéz és értékel.

Fokozatosan felismered, hogy az emberben egy hatalmas *kincs* rejlik, mely elképzelhetetlen nagysággal és szellemi erővel bír. Ez a forrás és a forrás eredete: Isten. Ez a kozmikus energia és a kozmikus energia eredete, az Ősfény, amelyből a Törvény kiárad az egész végtelenségbe.

Minden ember lelkének mélyén ott rejlik az egész világmindenség, amely a hét alaperőből áll. Ez a hazánk, az örök Mennyek.

Tudd: Ez a benső kincs rejtve marad *az* elől, aki nem akarja felszínre hozni, azt pedig csak az isteni Törvények megvalósításával lehet, mert a kincs maga az isteni Törvény.

Minden szellemlény maga a teljesség. A szellemtest ősanyagból, sűrített szellemi energiából áll, finomanyagú és súlytalan. Az egész szellemtest tartalmazza sűrített sugárzásként – vagyis szellemi esszenciaként – a teljes végtelenséget.

Ez az Atya-Anya-Isten, az isteni Törvény legnagyobb ajándéka, melyet örökségül adott gyermekeinek. Ezért mi mindannyian a teljes végtelenség örökösei vagyunk, amely ugyanúgy tartozik hozzánk is, mint mennyei Atyánkhoz. Örökségünk, a teljes kozmikus sugárzás bennünk van, vagyis benned is ott van, mert szellemtested Istenből származó ősanyag, melyben esszenciaként a végtelenség teljes sugárzása hat.

Minden tiszta szellemlény ismeri az összsugárzás minden sugarát, és használni is tudja törvényszerű módon. Minden olyan ember is, akinek a lelke messzemenően Isten tudatában él, ismeri az örök Törvényt, és annak megfelelően is viselkedik. Azok az emberek, akik messzemenően az isteni Törvényben élnek, toleranciát, megértést és önzetlen szeretetet tanúsítanak azok iránt, akik még az okozataikkal küzdenek.

Az Isten szellemében élő emberek benső nagysággal rendelkeznek, mert Isten Törvényében vannak. Minden kérdésre tudják a törvényszerű választ, és tudják a törvényszerű megoldást minden nehézség és probléma esetén, valamint minden dologgal és eseménnyel kapcsolatban.

Térjünk vissza még egyszer a *napi energiára*, a jó barátodra. Minden ember minden nap más és más vezetésben vagy irányításban részesül – lelki érettségének megfelelően.

A tanárok is az adott nap energiájának hatása alatt állnak. Tanítás közben ne értékeld a tananyagot aszerint, hogy az érdekel-e téged, vagy, hogy mit szeretnél, illetve mit nem szeretnél ma hallani. Ne ítélkezz tanárod felett sem, ha ma nem olyan szabad és sugárzó, mint esetleg tegnap volt.

Légy csendes, ahogyan a benned lévő isteni is csendes. Fogadd be a hallottakat, és állj készen arra, hogy megtapasztald önmagadban a törvényszerű választ.

Ezzel kapcsolatban én, Liobani nővéred egy tanácsot szeretnék adni: Kövesd figyelmesen a tanítást, mert ma még nem tudhatod, hogy nem lesz-e valamire abból már holnap szükséged. Te, az ember ezt nem tudod, de isteni tudatod igen.

Tanuld meg tehát meghallgatni, amit mondanak, még ha az nem is olyan nagyon érdekel. Így amire a jövőben szükséged lesz, el tudod tárolni a benned lévő három „raktárban": az agyban, vagyis az *ébertudatban* és *a tudatalattidban*, valamint a *lélekburkokban*, lelked részecskéiben. Ha ezek a raktárak fel vannak töltve adatokkal, akkor törvényszerűen alkalmazhatod őket a jelenben és a jövőben is, valamint szellemtudatod visszatükrözheti neked a választ és a megoldást mindennel kapcsolatban, ami kívülről ér téged.

Szellemtudatod számtalan módon nyújt ekkor neked segítséget. Ezzel kapcsolatban fontosak génjeid is, mert azokra is hat szellemtudatod. Ezek raktározták el egyedi képességeidet, kvalitásaidat, tehetségeidet.

A benned lévő isteni mindig azon fáradozik, hogy jól menjen a sorod. Engedd tehát, hogy a tananyag a bensődbe áramoljon, fogadd azt el, és isteni tudatod felveszi a három raktárba, az ébertudatba, a tudatalattiba és a lélek részecskéibe, hogy holnap vagy a jövőben visszatükrözzék neked azt, ami törvényszerű, amit törvényszerűen gondolnod, mondanod, vagy tenned kell.

Ahogyan tehát éppen szó volt róla, feltárult szellemtudatod kapcsolatban áll génjeiddel is, melyekben képességeid, kvalitásaid és tehetségeid rejlenek. Hogy jobban megértsd, elmagyarázom:

A *képesség*, azt jelenti, hogy valamihez jó érzéked van, és azt meg tudod valósítani. A *kvalitás* alatt az értendő, hogy a megvalósított munkáid minőségiek. A *tehetségek* pedig olyan adottságok, amelyeket magaddal hoztál, amelyeket magad vagy másokkal közösen fejlesztesz, és amelyekkel alkotsz.

Isteni tudatod az oktatásból és a tananyagból *azt* szűri ki, és raktározza el ébertudatodban valamint tudatalattidban, illetve a lelkedben, amire a jövőben a szakmádhoz szükséged lesz, és amit tudnod kell. Segít a szakmaválasztásnál is, mivel ismeri és figyelembe veszi képességeidet, kvalitásaidat és tehetségeidet.

Ha a tanórán figyelsz és közreműködsz, akkor megkapod a bensődből a helyes választ és megoldást tanárod kérdéseire, mert az isteni benned közli azt Isten megértő, toleráns és önzetlen gyermekével. Vedd azonban figyelembe: Ahhoz, hogy önmagadban, az isteniben élj, és a tiszta létből, az isteniből meríthess és fogadhass, először meszszemenően tisztának kell lenned! Ezért ügyelj a következő szavakra:

Csak a tisztának szolgál a tiszta.

A nem-tisztát az szolgálja, ami az övé, vagyis a nem-tiszta.

Aki csak a külső dolgokra és *saját* jólétére gondol, azt felhasználhatják az ellentétes energiamezők, sőt akár lelkek is, akik azután rajta keresztül tevékenykednek és élnek. Az ilyen ember sok helyzetben többé már nem önmaga, hanem irányítottá válik, és mások élnek rajta keresztül.

Ezért gyakorold az önfelismerést, és törekedj rá, hogy ne magasztald fel alacsonyrendű természetedet, és ne ápold a még benned lévő emberit.

Tisztítsd meg az emberi, önmagadra irányult tulajdonságaidat, melyeket felismertél magadban! Imában kérd Krisztus támogatását és segítségét, hogy legyen erőd átadni Neki mindazt a törvényellenest, ami tudatossá vált számodra, továbbá, hogy legyen erőd a megbocsátáshoz és a bocsánatkéréshez valamint ahhoz, hogy a felismert hibákat többé ne kövesd el.

Jegyezd meg: A tisztát a tiszta szolgálja. A nem tisztát pedig az, ami az övé, ami ő maga.

Az ember olyan, amilyenek a gondolatai, a szavai és a cselekedetei. Ezek mutatják meg, hogy milyen az ember valójában. Ha az emberi gondolatokról, szavakról és cselekedetekről beszélek, akkor arra gondolok, ami a gondolatokban, szavakban és cselekedetekben rezeg, mert az maga az ember, az vagy te.

Hallottad: Az ember elmúlhatatlan kincset hordoz önmagában. Gazdagabb tehát, mint azt valaha is képes lesz felfogni. Ennek semmi köze a külső gazdagsághoz; a szellemi örökségről beszélek, a lélek gazdagságáról.

Aki csak a külsőben gazdag, az még bensőjében nagyon szegény is lehet, ha gazdagságát megtartja saját magának, és arra törekszik, hogy azt csak saját maga javára gyarapítsa. Azok az emberek tehát, akik csak a külsőben gazdagok, a benső élet pecsétjét még nem nyitották fel, és ezért még nem is tértek a bensőjükbe.

Sokan hiszik azt, hogy a pénzben és javakban való dúskálás az igazi élet. Pedig az csak érzéki csalódás! A valódi gazdagság a *benső* kincs, a feltárult szellemi tudat. Ezt a „bölcsek kövének" is nevezik, mely számtalan fazettán keresztül világít az ember ébertudatába és tudatalattijába. Képes vezetni, megajándékozni és ellátni az embert mindennel, amire csak szüksége van, és még azon felül is.

Aki csak pénzt és vagyont halmoz, ezeket a saját tulajdonának tekinti, és csak arra gondol, hogy azt önmaga számára megsokszorozza, az még nem él az Istenből eredő bőségben. Az ilyen emberek mindaddig szegények maradnak bensőjükben, amíg emberi énjük formálja őket, és amíg fel nem ismerik, hogy a külső gazdagság Isten ajándéka mindazok számára, akik a benső birodalom felé törekednek, és követik az isteni törvényt: „Imádkozz és dolgozz!"

Tudd: A gazdag ember arra kapta gazdagságát, hogy azt megossza mindazokkal, akik a benső birodalom felé törekednek, hogy így ismét alapot teremtsenek az utánuk jövőknek.

Minden embernek Isten törvénye szerint kellene élnie. Aki a benső életre, Isten törvényére törekszik, az az örök Törvény megvalósításával megtalálja a benső kincset, a bölcsek kincsét. Aki azonban Isten adományait megtartja saját magának, az egy következő földi életében nélkülözni fog, hogy megérezze, mit jelent szegénynek lenni földi ruhában.

Ez nem azt jelenti, hogy a gazdagoknak oda kell ajándékozniuk pénzüket és vagyonukat bárkinek, hanem azokat kellene segíteniük vele, akik arra törekszenek, hogy Isten akaratát teljesítsék. Isten birodalmának, a szeretet és béke birodalmának el kell jönnie minden olyan emberhez, aki jóakaratú. Ezért adta Isten az embereknek az „Imádkozz és dolgozz!" parancsolatát.

Aki arra törekszik, hogy a mindennapok során betartsa Isten törvényeit, aki arra törekszik, hogy munkájával Istennek tetsszen, aki embertársait nem használja és nem zsákmányolja ki, hanem a felebarátjában rejlő pozitív erőket saját tudatának szellemi részének tekinti és ismeri el, az teljesíti az „Imádkozz és dolgozz!" törvényt, és ezáltal felebarátjá*ért* van, nem pedig ellene.

Az ilyen ember a pénzét és a vagyonát önzetlenül sokak javára fordítja anélkül, hogy profitálna belőle. Akik így tesznek, azok gazdagok bensőjükben. Nagy eszmékben élnek, mert nagy gondolataik vannak. A nagy gondolatok önzetlenek és nem a kicsinyes, emberi énre irányulnak. A nagy gondolatok a közjót és minden jóakaratú embert szolgálnak.

A személytelen élet belső szabadsága – Hajbókolni és szolgálni – Az énközpontú ember „pocsolyatörvénye" – Személyes és személytelen beszéd

Ismerd fel: Egyetlen embernek sem kellene másokat csodálnia és többre tartania – még akkor sem, ha az a valaki nagyon gazdag és tekintélyes. Egyedül Istennek tanúsíts tiszteletet – ne pedig az embereknek. Ne hajbókolj senki előtt, hanem szolgáld Istent és felebarátodat.

A *hajbókolás* azt jelenti, hogy aláveted magad egy embernek, hogy elismerést és jutalmat kapj tőle. Tudd, hogy nem kell hajbókolnod, mert a lelkiismeretes munka elnyeri jutalmát.

Felebarátoddal szemben légy pozitív, becsüld őt és légy rá tekintettel. Ne szidd, és ne becsüld le, de ne is minősítsd, hanem *szolgáld* önzetlenül! Embertársaid előtt azonban nem kellene meghajolnod; a meghajlás és a tisztelet egyedül Istent illeti meg.

A „ne hajbókolj egyetlen ember előtt sem" a következőt is jelenti: Ne beszélj más szájíze szerint, vagyis ne adj igazat másnak annak ellenére, hogy te másképp érzel és gondolkodsz, és végül is tudod, hogy gondolatai és viselkedése Isten

Törvénye ellen valók, valamint sértik az egymás megbecsülésének parancsolatát. Ha mégis így teszel, akkor hajbókolsz, ami képmutatás.

Úgy tanúsíthatsz tiszteletet Isten iránt, ha arra törekszel, hogy megvalósítsd az Ő akaratát.

Törekedj arra, hogy nagy gondolatokban élj, igyekezz őszinte és nyílt lenni embertársaiddal szemben, azonban ne mondj ki mindent, amit gondolsz! Először vizsgáld meg gondolataidat, hogy őszinték-e, és vajon tetszenek-e Istennek.

Ha ezeket a gondolatokat nemesnek, vagyis jóságosnak és önzetlennek találod, amelyek az embertársakkal való összeköttetést segítik, akkor fogalmazz úgy, hogy ne terheld túl felebarátodat, hogy ne izgassa fel magát, és hogy ne legyen mérges, mert félreértett téged. Ügyelj rá, hogy olyan választ adj felebarátodnak, amely elgondolkodásra ösztönzi.

Ha személytelenül beszéltél, azaz a választ és a megoldást tudatodnak a már világos részéből merítetted, és felebarátod mégis felizgatja magát, akkor te nem terhelted meg magad. Egy már aktív megfelelést érintettél meg, amely őt később bizonyos körülmények közt arra sarkalja, hogy elgondolkozzon. Ha azonban mégis saját énedből beszéltél, és a személytelent csak színlelted, akkor megterhelted a lelked.

Azonnal észreveheted, hogy a választ és a megoldást a bensődből, világos tudatodból fogadtad-e vagy pedig az ember, vagyis az ébertudat szólt: Ha kicsit is lebecsülöd felebarátodat, vagy más emberi rezdüléseket tapasztalsz magadban, mint például irigységet vagy ítélkezést, akkor a válasz és a megoldás nem az érett bensődből jön, hanem az intellektusodból, az elmédből – vagy részben belülről és részben kívülről. Akkor vegyes válaszról. vegyes megoldásról van szó. Ez azt jelenti, hogy nem mindent merítettél tudatodnak a már világos részéből.

Ha gyakran úgy teszel, hogy a válasz és a megoldás egy részét belülről fogadod, majd pedig az emberit belevegyíted, akkor a benső lassacskán elhallgat. Tehát a válaszokat és a megoldásokat már nem fogadhatod tudatod világos részéből, mert az éned elemei – az emberi, melyet hagytál beszivárogni – fokozatosan befedték tudatod fénylő részét, mely a törvényszerű segítőd és tanácsadód.

Ha ebben a meghasonlottságban élsz, akkor ne mondd, hogy ez az igaz válasz és megoldás. Előbb vizsgáld meg, hogyan viselkedsz felebarátoddal.

Olvastad, hogy a tiszta a tisztát szolgálja. A benned lévő tiszta az isteni, az örök Törvény, Isten. Csak az fogadja a tisztát, aki a lelkét meszszemenően átvilágította.

Minél jobban feltárul, vagyis bővül benned az isteni Tudat, annál több fényerő és isteni információ áramlik hozzád.

A tudatod átsugározott részeiből jövő válaszok és megoldások nemcsak felebarátod számára érkeznek a Belső Segítőtől és Tanácsadótól, hanem a te életedhez, a te tevékenységedhez és gondolkodásodhoz is megadja nap mint nap a törvényszerű információkat. Minden, ami a fénylő tudatodból sugárzik hozzád – minden információ az életedhez, a válasz és a megoldás felebarátod számára vagy kérdések embertársaidhoz – *személytelen*. Ez a személytelen élet, mely neked válaszol.

A személytelen élet *annak* a léleknek és *annak* az embernek nyilatkozik meg, aki arra törekszik, hogy személytelenül éljen. Mit jelent ez? Viselkedésed személyes, ha olyasmiket mondasz vagy gondolsz felebarátodról, hogy gonosz, szakképzetlen, lusta, rossz ember, kétszínű, hazug stb. Mindez személyes, vagyis emberi.

Akkor vagy személytelen, ha felebarátodat Isten gyermekeként becsülöd, nem ítéled el, hanem megkeresed benne a jót, és azt igenled.

Ez nem jelenti azt, hogy hibáit és gyengeségeit hagyd figyelmen kívül. A személytelen embernek – világos tudata által – lehetősége van rá, hogy a felebarát hibáit személytelenül szólítsa meg.

106

Ezáltal oly módon hívja fel figyelmét a hibákra, hogy közben nem felindult, és nem keveri bele az emberi énjét.

Ha azonban mégis helyesled felebarátod emberi tulajdonságait, és az ő szájíze szerint beszélsz, noha felismerted, hogy az nem felel meg a Rendnek, és mindezt csak azért teszed, hogy megdicsérjen, akkor személyes vagy, és megterheled magad.

Személyes és énközpontú *az* is, aki hallgat, amikor felebarátaival igazságtalanul bánnak és elítélik őket. Aki ezt felismeri, és mégis hallgat, az vétkezik, mert hallgatásával egyetért az igazságtalansággal. A hallgatás is – hogy nehogy kegyvesztetté váljunk – személyes; mint ahogyan még sok minden más is az. Az ember saját énjét védi és nem áll ki felebarátjáért. Ha tehát felismered, hogy igazságtalanság történik, és hallgatsz, akkor te is bűnrészessé válsz.

Tudatosítsd még egyszer: Minden, ami Istenből, tudatod fényes, feltárt részéből ered, az személytelen. A személytelen nem kényszeríti az embereket, hogy ezt vagy azt tegyék. Csak felvilágosít és magyaráz. Kinyilatkozásom Isten Szelleméből éppen ezért viseli a címet: „Elmagyarázom – velem tartasz?"

A személytelen nem tilt, hanem utat mutat a parancsolatok által. Isten szabad akaratot adott minden gyermekének. Az Örökkévaló azért adta a parancsolatokat, hogy azok a gyermekei, akik elhagyták az örök Törvényt, visszataláljanak a kozmikus lét szabadságának fényébe. Hogy *mikor* fognak újra abban élni, azt mindegyikük saját maga határozza meg.

Aki nem tartja be Isten törvényét, az saját törvényt alkot, mely emberi gondolataiból és kívánságaiból áll. Minden, ami személyes, vagyis ami az emberi énből ered, az Isten ellen, és a szabadság örök Törvénye ellen van. Az ilyen ember ezáltal hozzáköti magát saját gondolataihoz, elképzeléseihez és kívánságaihoz, amelyeket ily módon igenel, és melyek befolyásolják. Önnön törvényében él, mely ismét visszahat rá.

Ezt az én-törvényt, a „személyes törvényt" „*pocsolyatörvénynek*" is nevezhetjük. Ez az ok és okozat törvénye: Amit az ember vet, azt fogja aratni.

A pocsolyatörvényben gyűlnek össze az úgynevezett gondolatbaktériumok. Betegséget, sorscsapásokat hoznak, és mindazt, amit az ember elvetett, például gyűlöletet, irigységet és viszályt. Ha valaki gyűlölködő, akkor gyűlöletet vet; ha irigyli felebarátja vagyonát, akkor irigységet vet; ha felebarátjával viszályban él, akkor pedig viszályt vet, és ennek megfelelő lesz tehát az aratás. Mindebből bizonyos körülmények között háborúk is kialakulhatnak.

Ez mind az úgynevezett pocsolyatörvény, az ok és okozat törvénye: Az ember begubózott saját negatív gondolataiba és hajszoló, teljesíthetetlen kívánságaiba. Ezek hatást gyakorolnak rá, és előidézik benne azt, amit elvetett.

Gyűlölettel, irigységgel, ellenségességgel és hasonlókkal elpazarolja az életenergiáját. Ezáltal gyengébbek lesznek a szervek, majd hatékonnyá válnak az okok: betegségként vagy sorscsapásként jelennek meg attól függően, hogy mit vetett. Ezt a törvényt – mely kihat rá – saját maga alkotta.

Az ember mindaddig kering gondolatai és kívánságai körül – ami az ő *saját* törvénye –, amíg Isten parancsolatait el nem fogadja és meg nem valósítja. Akkor kiutat talál önnön pocsolyatörvényéből, az ínségből, a fájdalomból, a beszűkült életteréből, a szomorúságból, gondolatainak és kívánságainak körforgásából az élet kozmikus szabadságába.

Szabad akaratod van a szabad döntéshez: hogy betartod-e a parancsolatokat, vagy nem; hogy a szabadság örök Törvényét választod, vagy saját törvényedet.

A szabadság Törvénye függetlenséget, szépséget, erőt, szeretet, melegséget, békét és Istenben lévő örök életet ajándékoz. A saját törvényedtől pedig azt kapod, amit magadnak beadagoltál.

A személytelen élet tehát az Isten szeretetének és szabadságának törvénye szerinti élet. A személytelen ember tiszteletben tartja felebarátja szabad akaratát. Jegyezzük meg, hogy noha *tiszteletben tartja* mások szabad akaratát, azonban nem helyesli azt, ha Isten Törvénye ellen irányul. Minden, ami Istenből van, abszolút szabadság. Mivel Isten örökségül hagyta minden gyermekének a szabad akaratot, tiszteletben tartja, hogy mit tesznek embergyermekei – de nem erősíti meg törvényellenes viselkedésüket.

Most felteszem neked a kérdést: Melyiket választod?

Ha a belső szabadságot szeretnéd, akkor valósítsd meg a parancsolatokat, és válj személytelenné!

Ha viszont kicsiny énedet akarod építgetni, akkor megteremted saját pocsolyatörvényedet, és abban a pocsolyában élsz ingoványos életet. Akkor kihatnak rád a gondolatbaktériumok és gondolatvírusok: azt hozzák, amit elvetettél.

Ha figyelembe veszed a Parancsolatokat, akkor fokozatosan személytelenné válsz, és egyre inkább a belső forrásból, a benned lévő, bővülő isteni tudatból merítesz. Ekkor szabad, erőteljes, tetterős és ily módon személytelen is vagy, és

közvetlenül Isten, az örök Törvény vezet téged –
nem pedig pocsolyatörvényed irányít!

Ekkor már képes leszel összpontosítani, vagyis
világosan követni az iskolai tanítást, és a válaszo-
kat a Belső Segítődtől és Tanácsadódtól kapod,
amelyeket ki is mondhatsz.

A *Belső Segítő és Tanácsadó* a benned lévő
világos tudat. Felszabadítottad őt emberi éned
fátylai alól, és most az oldaladon áll az iskolai
feladatok és vizsgák során. Abban is segít, hogy
a megfelelő szakmát válaszd, és hogy abban
annyira légy sikeres, amennyire az a közjónak, a
felebarátaidnak jó. Segít továbbá, hogy a mun-
kahelyeden teljesítsd a napi feladatot – sőt még
annál többet is.

Belső Segítőd és Tanácsadód úgy hat általad,
hogy személytelen beszélgetéseket és tárgyaláso-
kat vezethess, valamint segít abban is, hogy meg-
felelően fogalmazz levéliráskor.

A személytelen maga a benned lévő isteni, a
világos tudat. Isten gyermeke vagy, aki a tiszta,
örök létből származik, és aki az örök igazságból,
az Élet forrásából merít.

Most tehát felismerted, hogy az örök Fény
benned lakik. Ha az örök Fényhez fordulsz, és
megvalósítod azt, amit megvilágítottam neked
az igazság különböző fazettáin keresztül, akkor
tudatosan élsz Istenben.

Valódi lényed, mely a kozmikus, tiszta és finom-
anyagú test, a földi testedben lakik és működik.
Minél több fényt sugároz ki tudatod, szellemi tes-
ted, mert feloldódtak éned fátylai, annál ponto-
sabban és átfogóbban érzékeled a belülről jövő
információkat.

Ha tehát szellemileg olyan érett vagy, hogy az
isteni részed már vezethet téged, akkor vizsgáid-
nál és feladataid teljesítésekor is segítségedre lesz.

Lehet, hogy néhányan a következőt gondolják:
„Nagyszerű, akkor már nincs is szükségem többé
arra, hogy tanuljak és dolgozzak. Tisztítom a lelkem,
és akkor mindenre megkapom a megfelelő választ
és a jó megoldást. Így kereshetem a kenyeremet."

Ez azért nem ilyen egyszerű! Először is az
ilyen hozzáállás túlságosan emberi, és egyúttal
az isteni Törvény ellen való. Másodszor: Isten
az „Imádkozz és dolgozz!" parancsolatot adta az
embereknek.

Tudd, hogy aki elhagyja Isten Törvényét, annak
keze munkájával kell megkeresnie kenyerét
– a saját maga alkotta törvénnyel, amely az anyag
kialakulásához, a sűrűsödéshez vezetett. A sűrű-
södést, az anyagot az a törvény hozta létre, melyet
a bukott lények saját maguk teremtettek meg; az
pedig az ok és okozat törvénye. Minden besűrű-
södött forma a bukás által jött létre, mert egyes
lények isten Törvénye ellen fordultak.

Intellektus és intelligencia – Az ész, mint az isteni intelligencia eszköze – Az emberi agy korlátozott befogadóképessége – Az „ész-ember" beszűkült tudata

Szeretném röviden elmagyarázni, hogyan alakult ki az emberi test:

Nagyon régen, amikor a Föld még csak részben volt anyagi természetű, olyan lények éltek rajta, akik Isten ellen voltak. Magatartásuk miatt egyre jobban besűrűsödtek, mint ahogyan a Föld is egyre durvább, tehát durvább anyagú lett – mígnem anyaggá vált, azaz teljesen besűrűsödött.

Ez azért történt, mert ezek a lények egyre inkább törvényellenesen *éreztek*, majd a későbbiek folyamán törvényellenesen *gondolkodtak*, és a földi sűrűsödésük során törvényellenesen is *cselekedtek*.

Szellemi testük sűrűsödése a fejben kezdődött: ott alakult át először egy szellemi részecske sejtté, azaz agysejtté. Ez osztódni kezdett így további sejtek alakultak ki, melyek fokozatosan felépítették az emberi testet, a szellemi test burkát. Az agysejtek befogadták a törvényellenes programot: az Isten elleni érzéseket és a saját énjükért való ténykedést.

Tudd meg tehát, hogy az emberi test kialakulása a fejben indult el, a fokozatosan kiépülő agy, az agysejtek által. A fejben kezdődött a sűrűsödés és a fejben jött létre az emberi test első programja. Ez az átalakulási folyamat nagyon-nagyon sokáig tartott. Csak szűk mondatokban vázoltam fel neked, mert nem ez a legfontosabb tudnivaló.

A lényeges, hogy Istenre irányulj, és hogy Krisztus erejével átvilágítsd a lelked, hogy újra istenivé válj.

Ismerd fel: Hasonló történik még ma is, mint ami az emberré válás idejében történt: Az ember betáplálja *agyába* az elképzeléseit, a véleményeit, tehát saját emberi programjait, ugyanakkor a szellemi, törvényszerű programokat is. Minden program ezután a *tudatalattiba* és a lélek szellemi *részecskéibe* is bekerül, ahonnan újra kisugárzik, és a *lélekburkokat* alkotja. Az agyban tároltakat az ember észnek vagy intellektusnak is nevezi.

Sok ember hiszi azt, hogy ha sok tudást tárolt, akkor már intelligens is. Bizonyára rendelkeznek a tudásuknak megfelelő intellektussal, ami azonban mégsem a valódi intelligencia! Az intelligencia Isten bölcsessége, a Mindenség élete, mert Isten az egyetemes tudat.

Az intelligencia, Isten a megtisztított és az Őrá irányult agysejtekkel kommunikációba szeretne lépni, azaz velük együttműködni. Ekkor az ember esze – tehát az agysejtek – eszközként szolgál; azon keresztül hat és nyilatkozik meg Isten ebben a világban.

Ha tehát az emberi agy, az ember esze Istenre irányul, és az agysejtek a törvényszerűségeket tárolták el, akkor az ember intelligens, mert értelme – esze – az isteni intelligenciának szolgál. Ezáltal válik az ember az isteni Törvény eszközévé a Földön.

Tudd, hogy az „egészséges gondolkodású" emberek olyan emberek, akik gondolkodásukat és cselekedeteiket a kozmikus Intelligencia szolgálatába állították. Ők az emberiség igazi szolgálói és segítői. Ők a kozmikusan intelligens emberek, akik feltárt tudatukból merítenek és adnak.

Ahhoz, hogy Isten tevékenykedhessen ebben a világban, olyan emberekre van szüksége, akik gondolkodásukat és életüket Őrá irányítják. Ehhez az embernek ismernie és agyában tárolnia kell az isteni Törvényeket. Azután az isteni Törvényeknek megfelelően dolgozhat, mert képességei és adottságai, melyek a génjeiben vannak, aktívvá válnak.

Ebben az esetben ő a kozmikus Intelligencia egy eszköze. Ez azt jelenti, hogy élete és tevékenysége imává vált. Az ember a kozmikus Törvények szerint dolgozik a világban. Kozmikusan gondolkodik, beszél és dolgozik – azaz az élete az örök Törvények szerint folyik, az „Imádkozz és dolgozz" parancsolat szerint.

Az intellektuális ember általában önmagára irányult; egy intelligens ember azonban több szellemi erővel rendelkezik, mert ő az Intelligenciából, Istenből fogad.

Hogy jobban megértsd, megismétlem: Az ember *intellektuális*, ha csak tudást gyűjt, és azt emberi énjével karöltve tálalja, saját maga szolgálatába állítva, hogy a számára szükséges javakat és rangokat megszerezze. Agyát nem igazította az isteni Törvényhez, következésképpen nem is szolgál az isteni Intelligenciának, az isteni Bölcsességnek. Az intellektuális ember azon ügyködik, hogy tiszteljék, és dicséretben részesítsék.

Az Istenre irányult ember *intelligens*, az örök Intelligenciának tanúsít tiszteletet, Őt dicséri és magasztalja, mert tudja, hogy ereje és bölcsessége az örök Intelligenciától, Istentől származik.

Aki agysejtjeit, értelmét csak tudással programozza, az csak intellektuálissá válhat. Az ilyen emberek gyakran nagyon korlátozottak, mert az agysejtek az emberi tudást csak korlátozott mértékben képesek befogadni. Az intellektuális ember csak azokat az ésszel megszerzett ismereteket adhatja, melyeket saját maga eltárolt. Az agyat azonban ezen kívül sokkal, de sokkal több információ felvételére találták ki.

Jól olvastad: jóval több információ számára! Az önzetlen Belső Segítőtől és Tanácsadótól érkező információk számára, az isteni tudatod számára, a benned lévő isteni Intelligenciától eredő információk számára.

A kifelé irányult ember agysejtjeinek csak igen csekély részét képes aktiválni, mert saját intellektuális, énközpontú élete miatt nagyon sok testi energiát veszít, miáltal túlterheli agyát. Befogadóképessége éppen ezért korlátozott, és csak azt észleli, amit az érzékei befogadni képesek.

Aki ugyanis csak testi energiájára épít és csak azt képes használni, mert nem az isteni Intelligenciára törekszik, annak agya nagyon gyorsan elfárad. Az ember ezután szinte magától az e világi tudás területeire korlátozódik.

Bizonyára te is megtapasztaltad már, hogy ha nagyon-nagyon fáradt vagy, még képes vagy például olvasni; de előbb vagy utóbb elérkezik az a pont, amikor egyszer csak észreveszed, hogy ugyan olvastál, de már nem tudod, hogy pontosan *mit* is! Ez azt jelenti, hogy szervezeted energiája révén még volt erőd az olvasáshoz, de hogy mit olvastál, azt az agyad már nem tudta regisztrálni.

Ugyanezt felismerheted halláskor, szagláskor, ízleléskor és tapintáskor is. Jóllehet hallasz még, de ennek ellenére már nem tudod, hogy mit hallottál. Csak sejted, miről beszéltek, de nem tudnád pontosan elismételni. Ez azt jelenti, hogy az agysejtjeid már nem tudtak többet eltárolni, és ezért ezzel kapcsolatban nem is tudsz előhívni belőlük semmit. Arról sincs információd, hogy mit szagoltál és ízleltél, mert az agyad már nem képes a szagok és ízek tárolására.

Tehát nézhetsz, hallhatsz, szagolhatsz, ízlelhetsz és tapinthatsz anélkül, hogy mindazt tudatosítanád. Ennek megfelelően agysejtjeid keveset fognak tárolni.

Ha azonban éber vagy és öt érzékedet tudatosan használod, akkor az agyad is sok mindent el fog tárolni. Mert azok a gondolataid, melyek látás, hallás, szaglás, ízlelés és tapintás közben keletkeznek, az agyban tárolódnak.

Gondolataidat csak az aktív agysejtek tudják befogadni, az inaktívak nem. Az ember tehát csak azt hívhatja elő, amit el is tárolt.

Megismétlem: Ha a tested csak energiamaradékokat adott a látáshoz, halláshoz, szagláshoz, ízleléshez és tapintáshoz, és az agy túl fáradt volt ahhoz, hogy befogadja, amit az öt érzék regisztrált, akkor az érzékek által felfogott impulzusokat csak részben vagy egyáltalán nem tároltad. Azaz: Ha csak az értelmeddel dolgozol, akkor lehet, hogy sok mindent megélsz és tapasztalsz, de agyad csak korlátozott mértékben képes az információk tárolására, mert a test hamar elfárad.

Azok az emberek, akik csak élnek a világban, és benső életüket, isteni részüket nem fejlesztik, agysejtjeikben nemcsak lényegeset, hanem lényegtelent is tárolnak. Ezáltal is nagyon hamar túlterhelik agysejtjeiket, továbbá az agy azon részeinek a befogadóképességét is korlátozzák, melyek az emberi tudás befogadásához szükségesek. Ez azt jelenti, hogy ezeket a sejteket bizonyos körülmények közt mind lényegessel, mind lényegtelennel nagyon gyorsan beprogramozzák és telítik.

Aki tehát csak az e világi tudásra korlátozódik, az szűk látókörű, és agyában sokkal kevesebbet képes tárolni, mint az, aki intelligens. Aki kimerítette agyi kapacitását, azaz, ha az agy megtelt evilági tudással, akkor az ember azt hiszi, hogy bölcs. Azok, akik csupán egyoldalúan irányulnak, vagyis akik agyukban csak emberit, azaz csak evilági tudást tároltak, nem bölcsek, hanem intellektuálisak – mert az értelmi tudás még nem bölcsesség. Úgy is nevezzük őket, hogy ész-emberek.

Ezért is hallhatod gyakran Isten Szelleméből, hogy aki csak az értelmét részesíti előnyben, vagyis intellektuális, az nagyon korlátozott. Isteni tudata beszűkült, mert nem törődik vele; csak az emberi ésszel megszerezhető tudást használja.

E világ orvosai és tudósai felismerték, hogy az agy sokkal több információ tárolására is alkalmas. Ők az agy azon részét, mely sokaknál csak szunnyad, a „használaton kívüli szürke sejteknek" nevezik.

Ehhez szeretnék egy kis magyarázatot fűzni: Az agy – vagyis az agysejtek – nagy része arra rendeltetett, hogy kizárólag az istenivel, az örök Intelligenciával kommunikáljon. Ehhez a részhez nem lehet az emberi gondolkodással, beszéddel és cselekvéssel hozzáférni, azaz emberivel megtölteni.

Aki az agyát fel szeretné élénkíteni, és sok agysejtet felébreszteni, annak először is törekednie kell arra, hogy az isteni Törvényeket felismerje és megvalósítsa. Akkor fokozatosan kialakul a kommunikáció a feltárt isteni tudat és az örök Intelligenciára irányult agysejtek között, melyeket nem lehet az emberi magatartással programozni, hiszen az agy eme nagy része az isteni Intelligencia számra van fenntartva és nem az intellektusnak.

Aki megvalósítja az isteni Törvényeket, az kiművelte szívét. Nagy gondolatokban él. Megbecsüli embertársait, megértő, toleráns és jóindulatú.

A Szellem emberei nem vesznek részt olyan emberi dolgokban, melyek vétenek az isteni Törvény ellen.

A nagy gondolatokkal rendelkező emberek nem ítélkeznek és ítélnek el senkit. Tiszteletben tartják felebarátaik szabad akaratát. Arra törekszenek, hogy Isten akaratát teljesítsék annak ellenére, hogy embertársaik nagyon gyakran nem tanúsítanak irántuk megértést.

Aki arra törekszik, hogy nagy gondolatokban éljen, az rendezni is tudja azokat, valamint képes fékezni beszédét és uralni érzékeit. Ez a magatartás lehetővé teszi számára, hogy amit tesz, azt teljes koncentrációval tegye, és hogy már fiatal korban is koncentráltan kövesse az iskolai tanítást. Az ilyen emberek nem szétszórtak, mert nagy gondolatokban élnek, és nem terelik el, illetve nem hagyják, hogy figyelmüket eltereljék lényegtelen, kicsinyes, emberi én-gondolatok.

Aki ebben a szellemi magatartásban él, az kapcsolatba lép a Belső Segítővel és Tanácsadóval, az isteni Intelligenciával, a világos Tudattal. Ekkor pedig megtörténik az, amiről már beszéltem: A tudat eltárolja, amire például a tanulónak a tananyagból most vagy a jövőben szüksége lesz. Mert a tudat ismeri a lelket és az ember génjeit, és tudja, hogy mit tárolnak és aktiválnak majd bennük – vagy, hogy mi aktiválódhat ebben a földi életben.

Megértés, jóindulat tolerancia és azok határai – Elvárásokból származó kötődések – Emberek, akik egyenesek és önzetlenül segítenek

Szeretnék még egyszer kitérni a három aspektusra, melyeket az oksági törvényben alkalmazni kellene. Ezek a megértés, a tolerancia és a jóakarat, amiket most az isteni Igazság más fazettáin keresztül világítok meg:

Azok az emberek, akik törekednek rá, hogy betartsák Isten Parancsolatait, megértőek, jóindulatúak és toleránsak embertársaikkal szemben minden helyzetben. Azonban nem osztoznak mások törvényellenes szándékaiban, sem abban, ha tőlük ilyesmit követelnek. Hűek maradnak az isteni Törvényből eredő Parancsolatokhoz, melyeket Isten adott e Föld számára.

Megértőnek lenni nem csak azt jelenti, hogy megértjük felebarátunkat, hanem azt is, hogy segítjük és mellette állunk Isten Törvénye szerint – azonban nem erősítjük énjét, és főleg nem teszszük azt, amit ki szeretne kényszeríteni az isteni Törvény ellenére.

Ugyanez érvényes a *jóindulatra*. Azok az emberek, akik elvárják a jóindulatot, előnyökre törekednek *saját* jólétük érdekében. Azt akarják, ami számukra kellemesnek és hasznosnak tűnik. A szellemi ember még ezeket az elvárásokat is tolerálja – és oly mértékben segíti felebarátját, amennyire az megfelel Isten Törvényének, és amennyire a felebarát saját maga igyekszik, hogy szorult helyzetéből kiutat találjon.

Aki arra törekszik, hogy Isten akaratát teljesítse, az nem rendeli alá magát egy másik ember akaratának, továbbá nem cselekszik úgy, ahogy az azt saját, emberi jólétéért követeli. Aki mégis behódol az énközpontú ember akaratának, az annak életsíkjára és életterébe lépett, és hagyja, hogy az irányítsa. Ezá tal függővé válik tőle, és kötődik kívánságaihoz és gondolatvilágához.

Függőségi viszonyok a munkahelyen is vannak, azonban ott másmilyenek az adottságok; ott a munkáról van szó, a munka elvégzéséről és az időpontok betartásáról. Mindenkinek úgy kellene viselkednie a munkahelyén, ahogyan azt a munkaszerződésében foglaltak szerint elvárják. A szerződés tartalmazza a munkaadó és a munkavállaló jogait és kötelességeit.

Fogadd magadba a *tolerancia* szó rezgését, engedd, hogy hasson rád, és akkor megérted a következőket:

Tolerálni azt jelenti, hogy nem utasítod el felebarátod hozzáállását akkor sem, ha ő a Törvények határát súrolja vagy akár az anyagi világ mocsarában gázol. Tolerálni továbbá azt is jelenti, hogy ne próbáld megváltoztatni őt az emberi éneddel. Személytelenül világosítsd fel téves magatartásáról, azonban ne kényszerítsd, hogy másképp gondolkodjon és cselekedjen. Mindenki szabad akarattal rendelkezik, hogy életét úgy alakítsa, ahogyan szeretné – és egyedül ő felel életéért Isten és önmaga előtt, a vetés és aratás törvénye alapján.

Tolerálni nem azt jelenti, hogy azonosat vagy hasonlót kell tenned: Ha például felismered, hogy felebarátod magatartása sérti az isteni Törvényeket, és annak ellenére, hogy ezt tudod, mégis azonosat vagy hasonlót cselekszel, akkor az ő életterébe jutsz és hozzá vagy kötve. Csak annyira és csak akkor teljesítsd felebarátod emberi kívánságait, ha felismered, hogy ezáltal jobb belátásra tér, és hasonló hibákat többé nem követ el.

Sokan a könnyebb utat választják, ha segítségnyújtásról van szó. Gyakran teljesítik mások énközpontú kívánságait és engednek makacsságuknak – mindezt csak azért, hogy saját maguknak nyugtuk legyen vagy, hogy jó benyomást keltsenek.

Így megerősítik az emberit, noha felismerték, hogy felebarátjuknak semmit sem vagy csak átmenetileg segítettek, ami csak addig tart, míg az említett személy újra közli kívánságait, és elvárja, hogy teljesítsék akaratát. Az ilyen segítségnek semmi köze sincs a megértéshez, a jóindulathoz és a toleranciához!

Aki támogatja felebarátja önakaratát, az ugyancsak elvárja, hogy őt is támogassa felebarátja. Vagy elismerést, vagy jutalmat vár el. Ezáltal mindketten egymásra támaszkodnak, és ugyanazt várják el a másiktól: hogy azt teljesítse, ami látszólag jó és hasznos. Ez azt jelenti, hogy mindketten kötődnek egymáshoz, és hogy Isten Törvényének értelmében megterhelik magukat. A vetés és aratás törvénye mindaddig egymáshoz köti őket, míg ki nem oldják, amit téves magatartásukkal okoztak.

Ismerd fel: Aki emberekhez köti magát, az emberekre épít. Aki emberekre épít, az emberi énjének rabja marad. Már csak a *saját* szemszögéből látja a dolgokat és történéseket, és – akárcsak az, akihez hozzá van kötve – másoktól vár el megértést, jóindulatot és toleranciát.

Aki valamit elvár, az híján van annak, amit elvár – és nem is akar érte megdolgozni: Elvárja, hogy felebarátai azt tegyék, vagy azt nyújtsák neki, amit saját maga nem fejlesztett ki, amit saját maga nem birtokol.

Aki támogatja embertársainak eme elvárásos magatartását, miáltal teljesíti kívánságaikat, igenli azok nézeteit, azaz azt teszi, amit elvárnak tőle, az egy csónakban ül azzal, aki elvár, mert ő maga is ugyancsak elvár valamit felebarátaitól.

Azok az emberek, akik folyton csak saját elvárásaikat jelzik, nem tudják megérteni, sem elfogadni azokat, akik nem igenlik elvárásos magatartásukat, akik nem fogadják el véleményüket, és akik ezért akaratukat sem teljesítik. Ezért mindenkit lebecsülnek, aki nem enged kívánságaiknak és, aki nem erősíti meg véleményüket. Azért becsülik le azokat az embereket, akik nem engednek kívánságaiknak és nem ismerik el véleményüket, mert ezek az egyenes emberek nem magasztalják őket – tehát nem kapnak tőlük elismerést saját maguk számára, ahhoz, amit gondolnak, akarnak vagy tesznek.

Aki egyenes marad, annak gyakran el kell viselnie, hogy meg- és elítélik, és át kell élnie azok agresszióit, kiknek elvárásait nem teljesíti, nem erősíti meg. Az egyenes emberek gyakran válnak céltáblává azok szemében, akik nem akarják a saját életüket kezükbe venni, és azzal megbirkózni. Aki tehát megértést, jóindulatot és toleranciát gyakorol, ugyanakkor nem teljesíti felebarátja emberi elvárásait, azt a másik oldal újra és újra tűz alá veszi negatív gondolatokkal.

Ha tehát az egyenességre törekszel, akkor gondolj a következőre: A sötétség szándéka, hogy a vetés és aratás törvényében ragadj, ezért érzésekben és gondolatokban küzd ellened.

Ezért óvakodj az olyan feltételezésektől és kompromisszumoktól, mint például, hogy teljesíted felebarátod akaratát, csak hogy nyugtod legyen. Ha arra gondolsz, hogy az ő szájíze szerint fogsz beszélni vagy teljesíted az akaratát, hogy mehess az utadra, vagy hogy nyugtod legyen, akkor az már az első lépés a függőséghez vezető úton.

Aki függő vagy függővé válik, az befolyásolható, és többé már nem tud világosan dönteni, ha olyan helyzetekről van szó, melyek függőségi viszonyaiból adódnak. Az ilyen emberek azután saját függőségük hatása alatt cselekednek és beszélnek, valamint azokat hibáztatják, akik nem teljesítik követeléseiket. Azzal vádolják őket, hogy nem megértőek, hogy nem toleránsak, és hogy nincs bennük szeretet.

Figyelj érzéseidre, hogy isteniek-e! Ezt csak akkor tudod kideríteni, ha őszinte és becsületes vagy önmagaddal, és ha az örök Törvény oldalára állsz, mely az önzetlen szeretet, a jóság és a szelídség. Törekedj tehát arra, hogy betartsd a Parancsolatokat, és Istenben való állhatatosságra teszel szert.

Tudd, hogy aki Isten szeretetének Törvényébe tér, miáltal megvalósítja a szeretet parancsolatait, és az emberit levetkőzi, azt eltölti az önzetlen szeretet. Az önzetlen szeretetből jóság és szelídség áramlik. A világban, az emberek között a jóság és a szelídség türelemmé és irgalmassággá alakul át. Akit eltölt a türelem és az irgalmasság, az becsületes és állhatatos.

Azok az emberek, akiket áthat az önzetlen szeretet, úgy segítenek és szolgálnak, hogy az elvárásos és vádló felebarátaik is felismerjék magukat, ám továbbra is állhatatosak maradnak, és nem fognak egy követ fújni velük, ahogy mondani szokás, mert nem várnak el a maguk számára előnyöket.

Ebben a fejezetben megtudtál tehát egyet s mást a megértés, a jóindulat és a tolerancia szavak mély értelméről.

A benned lévő tudat, a Belső Segítő és Tanácsadó – Hogyan kaphatsz választ és megoldást, például az iskolai feladatoknál – A lelkiismeretes és önzetlen magatartás jóléthez vezet

Én, Liobani, a te nővéred a szellemi hazából, most folytatom magyarázataimat a következő témával kapcsolatban: Választ kapni, és megoldást találni.

Hallottad, hogy fontos követni a tanítást. Ha lelkiismeretesen befogadod a tananyagot, akkor az iskolai feladataidat is jól fogod végezni, és vizsgáidat oly mértékben fogod teljesíteni, amennyire az számodra és további földi életed számára jó. Ha figyelmes vagy, és ez által megfelelően felkészíted az agysejtjeidet, akkor a világos tudatod lelked részecskéibe tárolja a tananyagot – és később közvetítheti számodra a helyes választ és megoldást, ha szükséged lesz rá. Agysejtjeidben ezáltal a tananyag *értelmét* és egyúttal a megfelelő szavakat is elraktározod, melyek szükségesek, hogy érthetően fejezd ki magad.

Aki Istennel van, az Istenben van, és Isten rajta keresztül viszi véghez az Ő műveit. Ez azt jelenti, hogy Isten, a benned lévő világos Tudat, a Belső Segítőd és Tanácsadód érzéseidben és gondolataidban megadja a helyes válaszokat és megoldásokat.

Istennel lenni nem jelenti azt, hogy bigottak vagyunk, és azt sem, hogy szenteskedjünk, vagy hogy csak meditáljunk. Istennel és Istenben lenni azt jelenti, hogy szeretetet, jóságot és szelídséget sugárzunk ki, és hogy felebarátunk iránt megértést, toleranciát és jóakaratot tanúsítunk. Azonban – mint ahogyan azt már tanultad – ez nem azt jelenti, hogy támogasd felebarátod önös szándékait, és hogy így akaratának és kívánságainak rabjává tedd magad.

Ha Istenben és Istennel vagyunk, az azt is jelenti továbbá, hogy úgy élünk a világban, hogy az elfogadott feladatokat helyesen teljesítjük; hogy segítjük és szolgáljuk azokat, akiknek arra szükségük van – azonban nem hajbókolunk, és nem azért segítünk, hogy békén hagyjanak, vagy mert elvárunk valamit cserébe.

A munkahelyeden sem kellene hajbókolnod. Naponta törekedj rá, hogy lelkiismeretesen végezd a rád bízott munkát; akkor a megfelelő fizetséget is kapod, mert minden igazságos munkást megillet a fizetség.

Mindennap sok lehetőség kínálkozik arra, hogy önzetlen légy embertársaiddal! A munkahelyen is vedd figyelembe a szolgálat és az önzetlen segítség törvényét. Mialatt a munkádat végzed, mellyel a kenyeredet keresed, úgy kellene gondolkodnod, élned és cselekedned, ahogyan azt

Isten akarja: jóságosan, megértően, irgalmasan, toleránsan, jóakarón és segítőkészen.

Minden ember saját szerencséjének a kovácsa ott, ahová került földi életében. Ott megvalósíthatja a földi léte számára meghatározott programot – vagy újra megterhelheti magát, miáltal meghatározza következő földi életének irányát, ha nem követi a szabad akarat törvényét minden emberrel szemben, és ha nem helyezi életét a szeretet, a jóság, az irgalmasság, a jóakarat és a megértés törvényébe.

Légy lelkiismeretes akkor is, miközben a megélhetésedhez szükséges pénzért dolgozol! Maradj önzetlen akkor is, ha pénzt keresel a megélhetésedért, ha az iskolában tartózkodsz vagy a szülői házban a szüleidnél, esetleg a barátaidnál. Segíts önzetlenül, aho szükség van rá, és sugározz ki magadból jóságot és jóindulatot anélkül, hogy közben felebarátod emberi akaratát támogatnád.

Aki a szeretet és a szabadság isteni Törvényére törekszik, és azt megvalósítja, annak a szeretet Törvényének értelmében jól is fog menni a sora. Ez azt jelenti, hogy elkerüli az ínség; ha megbetegedne, akkor segítségben részesül, vagy akár betegség nélkül birkózik meg földi életével.

Itt a törvényszerű jólétre gondolok, amiről Krisztus szelleme beszél: Gyakorold az önzetlen szeretetet, hogy jó sorod legyen a Földön, hogy keveset vagy semmit se kelljen eltűrnöd vagy elszenvedned. Minden önzetlen cselekedetet az isteni Bölcsesség – másik nevén az isteni Tett – támogat.

A diák feladatai is ide tartoznak: Ha még iskolába jársz, kötelező feladatod a tanulás, vagyis, hogy agysejtjeidet azokkal az adatokkal programozd, melyekre a jövőbeli földi életedben szükséged lesz. Ezért, amikor az iskolában átveszitek a tananyagot, figyelj és összpontosíts. Akkor koncentrálni tudsz a dolgozatok során is, melyeket jól és az igényeknek megfelelően oldasz meg.

Mielőtt belekezdenél egy feladatba, ülj le nyugodtan és egyenesen. Hunyd le a szemed egy kis időre, és fordítsd érzékeidet valamint gondolataidat befelé, Istenhez, mindannyiunk Urához, Atyjához, és kérd az örök Szeretetet, Istent, az örök Törvényt, hogy segítsen. Támogatásának és segítségének kérése aktiválja a benned lévő világos tudatot.

Ez a kis elmélyülés, miáltal rövid időre behunyod a szemed, és Istenhez, az örök Intelligenciához, a benned lévő Tanácsadóhoz és Segítőhöz fordulsz, nem kelt feltűnést. De ha mégis, akkor állj ki mellette! Ne tagadd meg Istent – mindegy, mit gondolnak vagy beszélnek mások.

A rövid bensőbetérés után nyisd ki a szemed és szemléld meg az előtted álló feladatot. Fogadd be tudatosan az olvasnivalót, a matematikai képleteket vagy azt, ami éppen a feladathoz tartozik. Ezáltal kapcsolatba lépsz aktivált szellemi tudatod ama részével, mely messzemenően mentes mindenféle megterheléstől, s amely képes elérni ébertudatodat. Így létrejön a kommunikáció a benned lévő isteni – a benned lévő Belső Segítő és Tanácsadó – között, és közted, az Istenhez törekvő ember, az ébertudat közt.

A benned lévő isteni ezután erősebben sugároz az agysejtjeidbe, melyekben az adott tananyagot tároltad, és meg is érinti az ahhoz szükséges szavakat. A belső Fény, az isteni Intelligencia összeköti agyadban a tudást és a szavakat. Ezek a folyamatok érzésekként és gondolatokként érkeznek meg ébertudatodba – és egyszer csak már tudod is a feladat megoldását.

Ezek és a további feladatok is, melyeket magadba fogadsz, már magukban rejtik a választ és a megoldást. Világos tudatodban is ott van a válasz és a megoldás, mert az Isteni mindent tud. Neked azonban létre kell hoznod az összeköttetést az Istenivel, vagyis kapcsolatba kell lépned az isteni Intelligenciával.

Tudd: Ahogyan a válasz és a megoldás már az iskolai feladatban is benne van, úgy benne van minden kérdésben, problémában és nehézségben is.

Azonban ismerd fel, hogy a benned lévő istenivel való kommunikáció csak akkor lehetséges, ha a megfelelő tudást eltároltad agysejtjeidben. Csak akkor világíthatja meg Isten azokat a sejteket.

Ám, ha nehézségekkel és problémákkal foglalkozol, akkor a Belső Segítő és Tanácsadó nem tud akadálytalanul az agysejtjeidhez sugározni, így nem is tudod őt fogadni. Ezáltal vastagszik a felhőtakaró, vagyis az árnyak, melyek beborítják a világos tudatodat.

Ezért elengedhetetlen, hogy tudatosan élj, azaz, hogy a fellépő nehézségeket és problémákat – ha lehetséges – rögtön letisztázd, hogy ne borítsanak be felhők. Az emberi gondolatokat is – mindent, ami nem felel meg Isten Törvényének – azonnal át kellene adnod Krisztus szellemének, a benned lévő Megváltódnak, hogy azokat pozitív erővé alakítsa át.

Íme ehhez egy hasonlat: Ha az ég borult, akkor a napsugarak akadályokba ütköznek, és nem sugározzák be teljesen a földet. Ha a borult idő hosszan tartana, akkor az élővilág és az emberek is szenvednének. A természet lassan elsorvadna, és az emberi test megbetegedne. Ha egyfolytában csak esne, akkor a talaj túl savassá válna, így a kertek és mezők gyümölcsei soha nem érnének meg. Már csírájukban megrothadnának a félig érett gyümölcsökkel együtt.

Hasonlóan történik ez azokkal az emberekkel is, akik fogva tartják nehézségeiket és problémáikat, és állandóan azokról beszélnek. A nehézségek és a problémák a felhők, az árnyak, melyek elfedik a világos tudatot.

Aki csak nehézségeivel és problémáival foglalkozik, az nem is tudja használni a napi energiát, és nem is érti, hogy az mit szeretne neki hozni és mondani.

Akkor sem tudod használni a napot, ha a felebarátaidon gondolkodsz, és róluk negatívan beszélsz. A nap elmúlik, és újra magával viszi adományait és segítségét.

Amit a mai napon nem ismertél fel, és ezért le sem tisztítottál, azt egy másik nap újra elhozza – esetleg felerősödött formában, szenvedésként vagy betegségként, mert a további helytelen gondolkodásoddal gyarapítottad magadban a negatívat.

A napi energia a tanáraid által is szólni kíván hozzád arról, hogy mit kellene ma felismerned és tanulnod, és ugyancsak a napi energiából eredő feladatok közé tartoznak az iskolai feladatok is.

Ha az iskolában figyelmetlen vagy, gondolatban más dolgokkal vagy embertársaiddal foglalkozol, miközben átveszitek a tananyagot, akkor nem hozol létre összeköttetést a világos tudatoddal, mely aztán nem is léphet kapcsolatba azokkal az agysejtekkel, melyekbe a tananyag lényegét kellene befogadnod. Világos tudatod, a benned lévő isteni intelligencia ezért nem tudja közvetíteni a feladatokhoz szükséges válaszokat és megoldásokat a jövőben sem, mert nem alakítottad ki a kommunikációs programot agysejtjeidben.

Ezért fogadd be lelkiismeretesen a tananyagot, mert nem tudhatod, hogy mikor lesz rá szükséged életed során!

Amíg ember vagy, világos tudatodnak szüksége van az agysejtjeidre, mint kommunikációs eszközökre, ugyanis azokon keresztül lép veled kapcsolatba. Ha agysejtjeidet teletömted nehézségekkel, problémákkal és lényegtelen dolgokkal, akkor nem hallasz visszhangot, nem észleled a rezonanciát, azaz a válaszokat és a megoldásokat feladataidhoz. Ugyanis: agyad a rezonáns alap világos, isteni tudatod számára.

Ha nem követted a tanítást, mert más dolgokkal foglalkoztál és gondolataid nem a feladatok magyarázatain jártak, akkor isteni tudatod nem segíthet neked, az embernek, mivel figyelmetlenséged miatt nem tud semmit az agyban eltárolni, így azután a válaszokat és a megoldásokat sem tudja közölni.

Ezért is fontos, hogy ne foglalkozz túl sokáig lényegtelen dolgokkal, és hogy a nehézségeket és a problémákat gyorsan oldd meg.

Az ember szabad akarata – Az út a bennünk lévő tudattal való folyamatos kapcsolathoz, a valódi Intelligenciához és Bölcsességhez: emlékeztetők, mércék és útmutatások

Tisztának lenni befogadókészséget és befogadóképességet jelent.

Azok az emberek, akik önmagukban nyugszanak és összeköttetésben állnak Istennel, tiszta értelemmel rendelkeznek, világosan gondolkodnak. Megértik a dolgokat az adott pillanatban, és azonnal tudják a helyes, azaz a törvényszerű megoldást! Hogy miért? Mert szellemi tudatukat nem borítják sötét árnyak, tehát horizontjukat nem lepik be felhők. A belső Nap sugarai akadálytalanul találkoznak az aktív agysejtekkel, amelyek azt tárolják, ami az ember.

Most bizonyára megkérdezed: „Mi az ember?"

Az ember energia, tehát sugárzás! Azt is mondhatnánk, hogy sugárnyaláb vagy energiaköteg, mely a következőkből áll: a génekben már meghatározott tulajdonságokból és az ember mindennapi gondolataiból, vagyis abból, amit befogad és tárol.

Ami a génekben rejlik, azt a lélek részecskéi is eltárolták, és a lélekburkokon át kisugárzik. Ugyanis a lélek csak olyan testbe költözik, mely hasonló az ő rezgéséhez. Így tehát a lélek és a gének sugárzása messzemenően azonos.

Az ember szabad akarattal rendelkezik. Napról napra újra meghozza a döntést, hogy mit kezd életével. Noha a lélek hatást gyakorol az emberre a géneken keresztül, mégis az ember maga dönt: a szabad, önzetlen élet, vagy a sorscsapásokkal teli vegetálás mellett.

A lélek az által gyakorol hatást az emberre, hogy amit a lélekben és a génekben eltároltak, az beáramlik az ember életébe, gondolatvilágába.

Ezután már az emberen múlik, hogy milyen fajta gondolatok mellett dönt: emberi gondolatok mellett, melyek Isten ellen valók vagy isteni gondolatok mellett, melyek fénnyel teli, szabad és egészséges életet ajándékoznak neki.

Az ember külsejét a lélek határozza meg – összeköttetésben a génekkel és az ember gondolatvilágával. Ez irányítja szándékait és törekvését is, döntéseit jó vagy rossz mellett.

Minden olyan élethelyzetben, amikor az embernek döntést kell hoznia, segítséget kap Istentől a lelkiismereten keresztül, melybe az őrangyaltól is érkeznek impulzusok. Csendes és finom érzésekként nyilvánulnak meg, melyek arra ösztönöznek, hogy a jóra gondolj, valamint hogy önzetlenül reagálj és cselekedj. Isten segítsége megmutatkozhat egy beszélgetés során is a felebarátoddal, illetve a nap egyéb eseményeiben.

Dönteni és *megváltozni* minden pillanatban lehetséges, mert minden pillanat Isten segítségét és erejét rejti magában. Az emberben lévő örök Szellem, az őrangyal, és a napi energia figyelmeztetnek, segítenek és szolgálnak, hogy a téves magatartást, mint okot időben felismerd és letisztítsd, mielőtt a saját magad teremtette sors lecsapna rád.

Isten szeretete sokféle módon vezeti gyermekeit, és arra törekszik, hogy időben kivezesse őket a maguk alkotta okokból.

Mennyei Atyánk maga a szeretet, és igyekszik megszabadítani téged minden megterheléstől, hogy szellemi látóköröd szélesedjen és ragyogjon, valamint hogy az Ő szeretetének erejét, az Ő bölcsességét és nagyságát akadálytalanul befogadhasd. Mennyei Atyánk segítségével mindent letisztíthatsz, ami akadályoz, hogy tisztán gondolkodj, és bölccsé válj.

Ismerd fel: az egész Végtelenség maga a logosz, maga Isten. Az egész Végtelenség nem más, mint intelligencia, Isten bölcsessége.

Szívleld meg a következő útmutatásokat:
– Rendezd gondolkodásod! Akkor rendeződik az életed is.

- Engedd el saját akaratodat. Ne tarts pórázon egyetlen embert sem – ne vond meg senkitől a szabad akaratot.
- Gyakorold megtalálni minden emberben a jót. Akkor tiszteletben fogod tartani mások szabad akaratát, és magad is szabaddá válsz az előítéletektől, véleményektől és kötődésektől.
- Valósítsd meg azt, amit a szellemi tudásból eltároltál. Akkor tisztulni fog szellemi látóköröd, és fogadhatod a kozmikus Intelligenciát, az isteni Bölcsességet. Világos Tudatod ezután megnyilatkozik neked – bárhol is vagy, bármit is teszel. Mert az univerzális Intelligencia, az isteni Bölcsesség benned van.

Időközben egyre inkább megérted, hogy mi a különbség az intelligencia és az intellektus között. Mit szeretnél: intelligenciát vagy intellektust? A döntés rajtad áll!

Most már tudod, hogy az egyetemes Intelligencia benned van, és hogy csak te magad léphetsz kapcsolatba Vele – más ezt nem teheti meg helyetted.

Én, Liobani, elmagyarázom földi ruhában lévő testvéreimnek, mit kell tenniük ahhoz, hogy folyamatos kapcsolatban állhassanak szellemi testükkel, szellemi tudatukkal, az isteni Intelligenciával.

Kedves fivér, kedves nővér, ültesd mélyen a bensődbe a bizonyosságot, hogy egy ruhát öltött szellemlény vagy, akinek minden kozmikus sugár a szolgálatában áll. Az ember, a külső test csak a burok, melyben a szellemlény található.

Tudatosítsd magadban, hogy a benned lévő szellemlény végtelen erőket birtokol, melyek fáradhatatlanul működnek. Ezeket csak azután vagy képes megszólítani, miután emberi éned fátylait lelkedről eltávolítottad. Ehhez a tudatos élet az előfeltétel.

Ahhoz, hogy a bensődben, a valódi létedben, a világos, szellemi tudatodban élj és abból meríts, *megfontoltságot* kellene tanulnod.

Ne légy fecsegő, vagyis olyan ember, aki mindent kimond, ami csak az eszébe jut. Válj megfontolttá, higgadttá! Bármilyen helyzetbe is kerülsz, ezt a tulajdonságot úgy aktivizálhatod, ha valódi lényedre gondolsz, mely szeretetteljes, jóságos és tudatában van a belső erőnek.

Ha ily módon minden helyzetben a benned lévő szeretet csalhatatlan, törvényszerű erejére gondolsz, akkor bensőd mélyéről, tudatod feltárt részéből kapod a törvényszerű választ és megoldást minden feladathoz, kérdéshez, nehézséghez és problémához – vagy megtalálod az utat a helyes cselekvéshez.

A benned lévő valódi lény maga a szellemi tested, mely a Mennyekből származik; azért van a Földön, hogy azoknak szolgáljon, akiknek még szükségük van a segítségre, akik valódi létükről még keveset vagy semmit sem tudnak.

Általam, Liobani által is hív mennyei Atyád, aki az én Atyám is, hogy kibontakoztasd az örök erőket, hogy kiutat találj a bánatból, a félelemből és a kétségbeesésből – és hogy kiutat tudj mutatni embertársaidnak is a félelem szorításából, a kétségbeesésből és énközpontú életükből.

Ahhoz, hogy bölccsé, tehát intelligenssé válj, vedd figyelembe a következőket:

Ne dicsekedj a tudásoddal! Ez nem szép és nem is az okosság és a bölcsesség jele.

Törekedj rá, hogy kövesd az útmutatásaimat. Mindenekelőtt a lelkedet tisztítsd, vagyis finomítsd az emberi gondolataidat és a még nem nemes érzékeidet.

Ezenkívül *kipróbálhatod*, amit kinyilatkoztam, és akkor megláthatod, milyen hatással volt rád és közvetlen környezetedre – akár az iskolában is.

Azonban arra kérlek, hogy *ne beszélj* arról, amit kipróbálsz vagy ami már sikerült, hanem fejlődj, növekedj és érj!

Fejlődni, növekedni és érni ezt jelenti: egyre inkább tudatosítsd magadban, hogy Isten gyermeke vagy, és hogy a bensőd elképzelhetetlen szellemi kincseket rejt. Ha ezeket fel szeretnéd tárni, akkor először is meg kell találnod a hozzáférést valódi létedhez.

Gyakorolj jó tulajdonságokat, mint például toleranciát, megértést és jóakaratot, ezáltal egyre inkább belenősz az isteni Törvénybe, melyet azután betöltesz, és az is eltölt téged. Így megy végbe a szellemi növekedés, melyből pedig a szellemi érés következik. A törvények teljesítése által igazi gyümölccsé válsz: Feltárod bensőd kincsét és *bölccsé* válsz.

Akkor majd nem fogod magyarázni embertársaidnak, hogy milyen bölcs vagy, hogy bölccsé váltál, mert a bölcs nem dicsekszik! Nem fontoskodik. A bölcs keveset beszél, de nyíltan és világosan. Ő *van*. Ami azt jelenti, hogy kisugározza az igazságot. Szavainak mély tartalma a belső bölcsességből áramlik.

Az embertársaival szembeni magatartását a jóakarat jellemzi, azonban nem tolakszik. Segít és ad, ahol az helyénvaló. Amit véghezvisz, az önzetlen. A bölcs, tehát valóban intelligens emberek jóságosak, élénkek és éberek.

A valódi bölcs nem csupán a külsőre tekint, az ember mesterkéltségére és fecsegésére. Mélyen belelát azok bensőjébe, és felismeri, milyenek ők. A valódi bölcsek a lényegesre ügyelnek, és nem beszélgetnek lényegtelen dolgokról.

A Szellem emberei önmagukból élnek kifelé, és önmagukból is adnak, a valódi létükből, az emberi testben lévő szellemi testből. Világos tudatukból merítenek, mely az ő szellemi testük.

Ahhoz, hogy magadból adhass, a második testedből, mely örök, először is oda kell találnod hozzá. Ezért az első lépésekre a valódi létedhez, az örök testedhez vezető úton ez érvényes: találd meg önmagad! Mint ahogyan senki más nem tud helyetted enni és emészteni, úgy senki más nem találhatja meg és nem emelheti ki helyetted a belső kincset, mely a valódi léted. Csak te magad!

Ezért igyekezz befelé vándorolni a bensődhöz, miáltal az emberi én minden akadályát helyes módon felszámolod. Akkor bölccsé, intelligenssé válsz.

Ahhoz, hogy önmagadra találj, egyre inkább a bensődbe kell térned; azaz: Éld a napot, és ne az éljen általad! Ha így teszel, akkor nagyon hamar fel fogod ismerni, hogy a nap sok feladatát gyorsan és sikeresen el tudod intézni.

Az önfelismerésben és az önmagadra találásban segítséget jelent a *naplód* is, amibe mindent feljegyeztél, például a napi gyakorlataidat, a tisztázásra váró feladatokat, vagy amit már teljesítettél.

Írd le azt is, hogyan fejleszted a kapcsolatot a világos tudatoddal, és hogyan érkeznek meg az impulzusok és a kommunikáció az ébertudatodba.

A naplódban lévő feljegyzések kis segédeszközök, melyek által felismerheted, hogy szellemileg érlelődsz, hogy éled a napot, nem pedig az él általad.

Ha kapcsolatban állsz belső léteddel, világos tudatoddal, akkor tanáraid elégedettek lesznek azzal, ahogy feladatait végzed, és a vizsgákat is sokkal könnyebben fogod teljesíteni. Magad is tudni fogod, hogy helyesen oldottad meg a feladatokat. A vizsgákat nem csak középszerű jeggyel fogod zárni; a „jó" és a „kitűnő" sem fog hiányozni.

Tudd: A fénnyel telt embernek valódi léte, világos tudata szolgál.

Isten segítsége nagyon közel van hozzád, ha használod a napokat, azaz, ha már reggel átadod magad és a napot Istennek, kérve vezetését és segítségét, és ha a nap folyamán újra és újra a gondolataidba idézed, hogy Isten melletted áll, amennyiben te is megteszed a szükséges részed: Ha napközben ismételten befelé fordulsz imádban, és a naplódba bejegyzed mindazt, ami sikerült és azt is, ami nem.

Gondolj mindig a világos tudatodra, és légy biztos benne, hogy mennyei Atyánk szelleme mindenkor melletted szeretne állni. Ne csak reggel térj a csendbe, hanem a déli órák körül és este is, hogy fenntartsd az Istennel való kapcsolatot.

A csendbe térni ezt jelenti: ülj le egyenes tartással, hunyd be a szemed, és fordulj befelé, Isten szelleméhez benned.

Csak a csendben lehetséges a belső fejlődés, növekedés és érés. Válj csendessé, és add át magad Istennek, hogy az isteni Bölcsesség fája növekedhessen benned, és gyümölcsöket hozhasson.

Csendessé válni nem jelenti azt, hogy tarts távolságot a sporttól és a játéktól vagy akár az emberektől, iskolatársaidtól! A bölcs emberek nem tartják magukat távol embertársaiktól, hanem világító példaképként élnek közöttük. Azok az emberek, akik kapcsolatban állnak Isten szeretetével és bölcsességével, nem különcök. Tehát vegyél részt a játékokban, melyek a bensőd szerint is tetszenek, és vegyél részt kerékpártúrákon vagy autós utazásokon, ha az örömet szerez neked.

Légy mindenben igazságos, azonban ne akard kiharcolni az igazad. Ne magyarázkodj, ha arról van szó, hogy kinek van igaza. Világosíts föl, azaz igazítsd helyre, ami helytelen – függetlenül attól, hogy egyetértenek-e vele vagy sem. Légy az a fiatal, aki minden helyzetben megértő és jóságos.

Tudd: benned van az igazságos Szellem, aki minden helyzetet ismer, és azokat uralja is. Olyannak látja a dolgokat és történéseket, amilyenek, nem pedig amilyennek pillanatnyilag látszanak.

Ne várd el, hogy Isten akkor avatkozzon be, amikor szerinted eljött az ideje. A benned lévő isteni tudja, mikor részesülsz igazságosságban. Tehát engedd át Istennek az időpontot.

Ő *akkor* fedi fel az igazságtalanságot, amikor az is, aki az igazságtalanságot elkövette, abból tanulni képes. Ezért bízz az Ő igazságosságában minden dologban.

Ne légy soha sértődött vagy kötekedő. Az túlságosan emberi. Azok az emberek, akik többnyire Isten szellemében élnek és nem csak az anyagira ügyelnek, nem sértődöttek. Nem is veszekedősek, mert nem is akaratosak.

Nagy gondolatokban élnek, vagyis minden emberrel szemben önzetlenek, jóságosak, megértőek és jóakaratúak. Olyannak látják az embereket és dolgokat, amilyenek, nem pedig olyannak, amilyennek azok a sértődött vagy kötekedő emberek számára tűnnek.

Tanulj meg belelátni minden helyzetbe. Akkor bölccsé válsz. Hiszen már tudod, hogy minden helyzet, a veszekedés is, magában hordozza a szellemi választ és megoldást.

Húzódj vissza minden helyzetben, és lépj kapcsolatba a Belső Segítőddel és Tanácsadóddal. Ha az jó, akkor bensődön keresztül megadja a választ vagy megoldást, mellyel segíthetsz. A segítséggel azonban nem szabad elvenned felebarátod szabad akaratát!

Légy tudatában annak, hogy a veszekedőknek vagy sértődötteknek nem kötelező elfogadniuk a válaszodat vagy megoldásodat. Nyújtsd ezeket csupán lehetséges segítségként!

Ne dicsekedj úgy, hogy hangosan hirdeted, honnan kaptad a választ vagy megoldást! Maradj bölcs – csak akkor adj és segíts, ha kérdeznek, vagy ha a segítségedet kérik. Se magadat, se a segítségedet ne erőltesd rá soha senkire!

Ismerd fel: Nem te – az ember – vagy a bölcs, hanem a benned lévő isteni Tudat a Bölcsesség, az önzetlen bölcs Élet.

Saját szellemi fejlődésedet és érettségedet magad is ellenőrizheted, ha mindennap tudatosan élsz, és a naplódat is lelkiismeretesen vezeted. Akkor felismered szellemi fejlődésed és érettséged fokát, és megtapasztalod magad újra és újra. Szánj rá időt, hogy minden este lezárd a napot és a naplód, és hogy elvégezd az átvezetést a következő napra: mi az, amit már elintéztél, és mi az, amit még az emberiből tisztázni kellene. Ezáltal ellenőrzés alatt tartod gondolataidat, beszédedet és cselekedeteidet. Tudod, hogy mi az, amit már legyőztél, és mi az, amin még dolgozol. Saját magad ismered fel magaslataidat és mélységeidet, vereségeidet és szellemi fejlődésedet.

Ha lelkiismeretesen vezeted a naplódat, és minden este lezárod, valamint átvezeted a következő napra, akkor nyugodtan, hálásan és boldogan térsz az éjszakába, jól fogsz aludni és reggel újra vidáman ébredsz, továbbá a napot jó barátként fogadod.

A gyakorlatok és a *megvalósítás* által Isten szabad, vidám gyermeke leszel, aki nagy gondolatokban él. Ha minden napot tudatosan élsz, és megtisztítod azt, amit a nap eléd tár, akkor szellemi tudatod napról napra szabadabb és világosabb lesz. Ezáltal lehetséges lesz számodra, hogy kibővült szellemi tudatodból egyre mélyebb bölcsességeket meríts.

Vezetés és segítség a Belső Segítő és Tanácsadó által minden helyzetben – Példa: szóbeli vagy írásbeli vizsga

Ha a Szellem emberévé váltál, aki a napokat lelkiismeretesen éli, aki tehát bensőjét kifelé növeszti éberség és megvalósítás által, akkor egyre inkább kommunikációban állsz a bensőddel, az istenivel, a Belső Segítővel és Tanácsadóval.

Nemcsak önfelismeréseket és tapasztalatokat hoz magával minden nap, hanem vizsgákat is – vizsgákat az iskolában is.

Aki tudatosan él és lelkiismeretesen követte az iskolai tanítást, annak nem kell aggódnia, ha vizsgák előtt áll, mert agysejtjei befogadták azt, amire a vizsgákon vagy vizsgákhoz szüksége van. A világos Tudat összeköttetésben áll az agysejtekben tárolt tananyaggal. Ez aktívvá válik, ha a benned lévő isteni segítségét kéred, és a vizsgafeladatokat tudatosan, azaz koncentráltan befogadod, azokat lelkiismeretesen megfigyeled és szóról szóra, tudatosan elolvasod. Hiszen tudod: minden szóban benne van a válasz és a megoldás!

Ha például matematikából vizsgázol, akkor tudatosítsd, hogy minden számban is ott van a megoldás. Csodálkozol? Ha tudod, hogy minden rezgés, tehát minden energia, úgy a számok és matematikai képletek is energiák, melyek kisugároznak és megnyilatkoznak. Minden energiában benne van a pozitív rész, a szellemi aspektus, amely mindent tud, amely magában rejti a matematikai feladatokhoz szükséges válaszokat és megoldásokat is. Ha figyelmes voltál, amikor a tananyagot átvettétek, és a gondolkodásodat és életedet a benned lévő isteninek szentelted, akkor tudatod világos aspektusai kapcsolatba fognak lépni az agysejtjeidben lévő tananyaggal, és kommunikálni fognak a tananyagban és a vizsgafeladatban lévő pozitív erőkkel.

Amikor előtted van a vizsgafeladat, akkor tégy úgy, ahogyan azt már kinyilatkoztam: Térj röviden a csendbe, az imába, és kérd Isten szellemének segítségét. Azután vedd szemügyre feladataidat, lelkiismeretesen olvasd át őket, majd bízd magad a Belső Barátodra, Segítődre és Tanácsadódra, az örök Intelligenciára, és légy éber, azaz bizalomteljes és koncentrált. Hirtelen gondolatok vagy érzések ébredhetnek benned. Fogadd el és vizsgáld meg azokat az értelmeddel – ha felismered bennük a megoldáshoz vezető utat vagy magát a megoldást, akkor írd le a papírra.

Semmilyen helyzetben ne kételkedj! Mert a kétely bezárja az ajtót a világos Tudat előtt – és rossz eredmény lehet a következmény. Tudd: A világos Tudat már előre ismeri minden kételyedet – és magatartásodnak megfelelően segít neked. Erősítsd tehát hitedet és bizalmadat minden helyzetben, ezáltal egyre biztosabb leszel.

Ha leírtad a megoldást, mondj köszönetet Istennek, benned lévő mennyei Atyád szellemének, és légy derűs.

Belső Utad kezdetén kipróbálhatod, amit kinyilatkoztam. Ehhez Isten ad erőt neked, hogy a Belé, az örök Intelligenciába vetett bizalmad és hited erősödjön.

A kipróbálás és a megerősödés időszaka után az érvényes, amit elmagyaráztam, azaz, hogy a benned lévő világos Tudat kételyeidnek, félelmeidnek és előítéleteidnek megfelelően reagál!

A szóbeli vizsgákra is az vonatkozik, hogy a vizsga előtti nap estéjén 20 és 22 óra között – miután a légköri rezgések megnyugodtak, és a házba vagy lakásba is nyugalom költözött – térj a csendbe, tehát magadba, valódi létedbe, és kérd Isten Szellemét benned, hogy segítsen a vizsga napján.

Ha ily módon elcsendesedtél, akkor vedd kézbe a tananyagot, melyből vizsgázol. Ha nem tudod pontosan, hogy a tananyag mely részéből lesz a vizsga, akkor válaszd ki azt a részletet, amelyre belső késztetést érzel. Ne hagyd, hogy eközben kizárólag az értelmed irányítson, hanem engedd át magad a belső vezetésnek!

Ne mérlegeld, hol kellene felütnöd a könyvet. Nyisd ki az egyik oldalon. Bízz benne, hogy az áll ott, ami a vizsgán segít – legyen az akár csak egy fontos emlékeztető mondat, amelyre építhetsz.

Mind a szóbeli, mind az írásbeli vizsgánál ugyanaz történik: Az emlékezető mondat láncreakciót válthat ki az eltárolt tudásban, ami a megoldást eredményezheti – a megoldást, melyet azután kimondasz vagy leírsz.

Írva van: Kérj, és adatik neked! Kérd a benned lévő nagy Szellemet! Hálából kövesd az Ő szeretetének örök Törvényeit. Akkor fogadni is fogsz, mert felkészültél rá.

Amikor a vizsga előtti estén aludni mész, térj tudatosan a szerető Atya-Anya-Isten karjaiba, akinek mi mindannyian gyermekei vagyunk.

Ha a belső csend ellenére a külsőben nyugtalan vagy, azaz idegrendszered mégis izgatott, akkor magadhoz vehetsz valamilyen természetes készítményt, mely erősíti az idegeket, és megnyugtat, de nem álmosít el. Megismétlem: Természetes készítményt, mely erősíti az idegeket, de nem álmosít – tehát ne altatószert; ugyanis a vizsga előtti estén beszedett altatónak lehetnek utóhatásai. Lehetséges, hogy a következő reggelen az agysejtek nem teljesen aktívak és nem képesek befogadni a Belső Segítő és Tanácsadó impulzusait, mert az altató még korlátozza az agyat.

Újra és újra felismered tehát, hogy Belső Segítődnek és Tanácsadódnak, a világos Tudatnak, a benned lévő Istenszellemnek szüksége van a lényeges tananyaggal tárolt agysejtjeidre, hogy az embernek, az ébertudatnak segíteni tudjon.

Láthatod, mennyire fontos, hogy ne terheld lényegtelen dolgokkal agysejtjeidet; hiszen ha azok mindenfélékkel eltömődnek, akkor akadályoznak a benned lévő isteninek a tudatos befogadásában. Isten szellemének szüksége van az azonos rezgésű alapra, hogy számodra és a környezeted számára megnyilatkozzon. Ezt a rezonáns vagy rezgő alapot a tárolt információk alkotják, melyekre a földi életedben szükséged van. Maguknak a szükséges szavaknak is a tárolóban kell lenniük.

Amit tehát nem tároltál el az agyadban – azaz amit nem programoztál be – az nem is tud áramlani. Mivel az egész embert az agy irányítja, azt is mondhatnánk, hogy az ember maga az agy.

Ebbe e földi világba életprogramokat hoztál magaddal. Ügyelj rá, hogy ne bomlasszák őket negatív befolyások. Ezért élj tudatosan! Ez azt jelenti: Amit teszel, azt tedd egészen!

Kerülj minden beszélgetést, melyek csak lényegtelen dolgokat tartalmaznak. Ha lényegtelen társalgásban kell részt venned, akkor ezt csak oly mértékben tedd, amennyire a helyzetből ki tudod hozni vagy a helyzetbe bele tudod vonni a lényegeset, és azt, ami minden résztvevőnek hasznos lehet. Világos Tudatod segít neked ebben.

A Belső Segítő és Tanácsadó mindig veled van. Ahol te vagy, ott van Ő is.

Elkezdődött egy új nap. Ez a nap a szóbeli vizsgád napja. Jól aludtál – abban a tudatban, hogy Isten melletted áll. Az ébredés utáni első gondolataid bizonyára a vizsgával kapcsolatosak. Mindennek ellenére adj hálát Atya-Anya-Istenünknek az éjszakáért és az új napért.

Ha izgulsz is esetleg a rád váró feladat miatt, ne ess ki az egyensúlyból: tartsd meg a rövid, reggeli csendes áhítatod, melyben kapcsolatba lépsz a Szellemmel, a benned lévő világos Tudattal.

Ne beszélj sokat ezen a reggelen, és csak könnyű reggelit fogyassz. Gyűjtsd az erőidet, és fordulj a bensőd felé; maradj ott egy kis ideig! Akármilyen benyomások akarnak is otthon vagy az iskolába vezető úton kizökkenteni, maradj nyugodt.

Ha egy iskolatársad a félelmeiről és aggodalmairól beszél a vizsga előtt, válaszolj neki nyugodtan és biztosan, de ne hagyd, hogy elnyugtalanítson. Lehet. hogy a Belső Segítő és Tanácsadó – számodra észrevétlenül – útmutatásokat ad általad a félénk vizsgázónak, hogy ő is megnyugodjon, és bizakodva menjen számot adni tudásáról.

Amikor a vizsgabizottság előtt ülsz, fordulj befelé gondolataidban. Gondolj röviden a benned lévő világos Tudatra és igeneld a segítő isteni erőt. A vizsgakérdéseket először fogadd nyugodtan magadba. Légy egészen nyugodt! Mialatt a vizsgakérdéseket magadba fogadod, az isteni már felerősödve aktív benned.

Alighogy befogadtad a kérdéseket, máris felemelkednek az első gondolatok. Ez gyakran csak egy rövid, látszólag lényegtelen bevezetés. Mialatt azonban azt a bevezetést elmondod, a benned lévő világos Tudat megtalálja az utat az agysejtjeidben tárolt információkhoz, melyre szüksége van, hogy megossza veled a megoldást.

A folytatás a következőképpen alakul: Mielőtt még befejeznéd a rövid bevezetést, már tudod, hogyan fogod folytatni. Amíg ezeket is elmondtad, a Belső Segítő és Tanácsadó további agysejteket érintett meg, hogy közvetítse, mivel kell még kiegészítened a megoldást. Az egész *egyetlen*, megszakítások nélküli gondolatfolyam.

Ha a vizsgáztató közbeszól, ne zavarjon. Gyakran előfordul, hogy a saját világos Tudata ösztönzi tudat alatt, hogy támpontokat, vagyis impulzusokat adjon neked. Ezek segítenek aktivizálni azokat az agysejteket, melyeket világos Tudatod esetleg azért nem tudott elérni, mert kicsit izgatott és emiatt görcsös voltál.

Tudd, hogy a félelem hiányzó bizalmat jelent. A félelem nem isteni. Azonban szerető Atyánk Szelleme, a benned lévő világos Tudat nagyon megértő az Ő földi ruhában lévő gyermekével szemben. Félelmeid ellenére Ő melletted áll. Szeretett Atyánk Szelleme látja a jóakaratodat, és megjutalmazza gyermekét, aki arra törekszik, hogy Belőle éljen, és hogy Belőle merítsen és adjon.

Sose felejts el Istennek mindent megköszönni, a vizsgán való segítségét is – függetlenül attól, hogyan sikerült.

Ne kételkedj, és ne aggódj, hogy vajon minden jól ment-e. Bízz! Isten tudja, mi a jó számodra. Mindenben egyúttal ott van a vezetés is az életed számára.

Földi életed mind a lelkedben, mind a génjeidben előre be van programozva. E földi lét folyamán – melyet te magad alkottál előző megtestesüléseid fény- és árnyoldalai által – meghatározhatod, hogy ez a mostani élet tudatosan vagy tudatlanul zajlik-e, azaz, hogy a fény- vagy árnyoldalaidat erősíted-e.

Aki hagyja, hogy Isten vezesse minden helyzetben, az nem fog földi életében túlságosan nagy kerülőutakat tenni. Őt az Atya-Anya-Isten céltudatosan vezeti át iskolás éveiből a hivatásába, a szakmai életébe.

Az Atya-Anya-Isten céltudatosan vezeti őt a barátok, a barátnők és a társ választásánál is.

Azokat az embereket, akik a Törvényszerű életre törekednek, vezetik majd akkor is, amikor házas- vagy élettársi kapcsolatot kötnek, családot alapítanak, és gyermekeket nemzenek.

Aki tiszteletet tanúsít Isten iránt és Vele, a Belső Segítővel és Tanácsadóval összeköttetésben áll, azt nem vezetik félre, nem fog tévútra jutni.

Programok – Eleve meglévő adottságok a pálya-választásnál – Magunkkal hozott képességek és lehetőségek, emlékek és megfelelések

Isten, mennyei Atyád azt szeretné, hogy ismerd fel saját magadat, hogy minden helyzettel meg tudj birkózni.

Most már tudod, hogy mindenben, ami megmozdít valamit a bensődben, minden gondolatban, minden szóban és minden mondatban, minden beszélgetésben, a sorscsapásban, a problémában, a betegségben, a gondban és az ínségben, az örömben és a bánatban benne van a válasz és a megoldás.

Már azt is hallottad, hogy sok azonos rezgésű gondolat, szó és cselekedet összekapcsolódik, és ezek komplexumot alkotnak – azt is mondhatjuk, programot. Minden komplexum azt sugározza ki, amit tartalmaz. Azt árulja el, ami benne rezeg.

Minden kijelentés, azaz minden rezgés már magában rejti a helyes választ és megoldást. Az ilyen egymásra felsorakoztatott gondolatok, szavak és cselekedetek összességét komplexumnak vagy *programnak* nevezem.

Az ember nagyon sok programot hozott létre, melyek közül sokat a lélek és az agysejtek tárolnak. Nehézségeid, problémáid, betegségeid, bajaid, baleseteid és sorscsapásaid is különböző komplexumok, melyeket te teremtettél egykor gondolataid, szavaid és cselekedeteid által.

Ha egy vagy több bolygóegyüttállás sugárzása megegyezést talál, azaz kommunikációba kerül egy vagy több általad teremtett komplexummal, tehát programmal, akkor ezek a programok aktívvá válnak a lelkedben vagy az agyadban. Ezek azután kihatnak a testedre – megbetegedhetsz, esetleg nehézséged támad saját magaddal vagy egyik-másik embertársaddal. Problémák és sorscsapások is kialakulhatnak ily módon.

Ismerd fel: Nem az embertársaid okozták neked ezeket a kellemetlenségeket és bajokat, hanem te magad teremtetted azokat! Te vagy az ínség, te vagy a nehézség, te saját magad vagy a probléma, te vagy a sors, te vagy a betegség.

Isten, a mi örök Atyánk, Belső Segítőd és Tanácsadód kellő időben szeretne mindabból kisegíteni, amit saját magad alkottál – mielőtt mindaz rád szakad.

Ő, a nagy Szellem segít neked, hogy mindenben megtaláld a helyes választ és megoldást. Minden gyengélkedés és betegség, minden öröm és bánat mondani szeretne neked valamit. A komplexumban – például a betegségben – lévő pozitív részek azt szeretnék a tudtodra adni, hogyan kellene viselkedned, hogy Isten és az orvos segítsége által, akitől esetleg tanácsot kértél, enyhülést és gyógyulást érhess el.

Kérd Istent, Belső Segítődet és Tanácsadódat, hogy segítsen megtalálni az okot vagy okokat, melyek például a megbetegedésedhez vezettek. Bízd magad a benned lévő Segítőre és Tanácsadóra; higgy Benne – és akkor választ és megoldást kapsz majd.

Gyakran hosszabb ideig is eltarthat, míg világossá válik számodra a helyzeted. Ez bizonyos körülmények között azért van így, mert tudatod isteni részét még emberi takarja, azaz megterhelés, és ezért Belső Segítőd és Tanácsadód nem tud azonnal hozzád férni.

Mindennek ellenére nem marad tétlen, hanem segít, hogy emberi énednek ezeket a lerakódásait felszámolhasd, és hogy választ és megoldást fogadhass Tőle. Ezért légy éber, és fogadd el azokat az impulzusokat is, amelyek lényegtelennek tűnnek. Vedd őket szemügyre, és amit felismertél, azt tisztítsd le!

Ugyanez érvényes életed pozitív aspektusaira is. Itt a pályaválasztásra gondolok.

Már a 6-12 éveseknek szóló kinyilatkozásban is beszéltem én, Liobani a pályaválasztásról. Még egyszer szeretnék kitérni rá, mert lehet, hogy azt nem olvastad. Mindegyik kinyilatkozásom önmagában teljes, lezárt. Ha van rá lehetőséged, és az előző kinyilatkozásokat figyelmesen olvasod, azokban is felismerheted a felvilágosítást és a segítséget jelenlegi helyzeted megértéséhez.

A pályaválasztásnál is számíthatsz a Belső Segítő és Tanácsadó segítségére! Isten ismeri gyermekét! Isten betekint lelked világos- és árnyoldalaiba is. Látja génjeidet, melyek az életedet meghatározó tulajdonságokat hordozzák, vagyis azt, hogy „ki, illetve mi vagy te".

Ha néhány földi életet már magad mögött tudsz – ez a legtöbb földi ruhában lévő léleknél így van –, akkor több szakmád is volt már, mint például pedagógus, betegápoló, orvos, iparos, technikus, alkalmazott, vagy egyéb, más szakterületet sajátítottál el. Az ezekből a tevékenységekből származó tapasztalatokat, melyekre a következő földi életeidben még szükséged lesz, emlékként vagy megfelelésként a lelked tárolja.

Amikor tehát lelked újra megtestesült, bizonyos emlékek vagy megfelelések aktívvá váltak, mert emberként szükséged van rájuk, hogy segíts és szolgálj embertársaidnak – vagy, hogy szakmai életedben azokkal találkozz, akikkel a lelked egy előző életben okokat teremtett.

Ami az *emlékekből* áramlik, az maga a már megvalósított jó, mellyel önzetlenül segítheted és szolgálhatod felebarátaidat.

Ami viszont a *megfelelésekből* árad, ami negatívat tehát a szakma gyakorlása során okoztál, az megterhelés. Az azonos vagy hasonló szakmai tevékenység, melyet az ember már egy előző életében is folytatott, jóvátételre ad lehetőséget: Jelen munkájában újra azokhoz az emberekhez vezetik, akikkel szakmai területen megfeleléseket, tehát okokat teremtett. Ezzel egyúttal lehetőséget kap arra, hogy a szakmából, mely először megfelelés volt, a legjobbat hozza ki, miáltal munkáját őszintén, becsületesen és jóságosan végzi.

Génjeidben lehetnek még tapasztalatok különböző szakmai területekről is, melyeket előző életeidben végeztél; ezek a megfelelő időben aktivizálódhatnak, ha azokra ebben a földi életedben szükséged van. Amikor eljön a külső érettség ideje, amikor tehát a fiatal ember a pubertásba és fokozatosan a felnőttkorba lép, aktívakká válnak a lelkében tárolt szakmai tapasztalatok komplexumai.

Ha te már világos vagy, azaz ha isteni tudatodat részben vagy már messzemenően feltártad, mert tudatosan éltél és letisztítottad azt, amit a napi energia eléd tárt, akkor a pályaválasztásnál is segítséget fogsz kapni.

Az előző életeidben végzett különböző tevékenységekből felderenghet benned akár több képesség, tehetség és kvalitás is. Ez úgy nyilvánulhat meg, hogy egyszer például orvos szeretnél lenni, máskor iparos vagy tanár; a lányokban megmozdulhat a kívánság, hogy varrónővé, orvossá, tanárnővé vagy óvónővé váljanak, esetleg egyéb szociális területen dolgozzanak.

Ha már az iskolai évek alatt bepillantottál néhány iparos vagy szociális szakmába, vagyis rövid ideig kipróbáltad valamelyiket, hogy megvizsgáld képességeidet, tehetségeidet és kvalitásaidat, akkor egyértelműbben érzed, mi vonz, és könnyebben megtalálod a képességeidhez leginkább illő foglalkozást.

Ha azonban már az iskolai évek végén jársz, és csak most gondolkodsz el a pályaválasztáson, hogy vajon melyik felel meg képességeidnek, tehetségeidnek és kvalitásaidnak, akkor vedd figyelembe a következőket: minden gondolatban, melyben valamely szakma választását mérlegeled, ott a válasz és a megoldás.

Ha tetszik neked egy szakma, és elgondolkodsz, hogy vajon azt kellene-e választanod földi életedhez, akkor ugyancsak kérd a Belső Segítő és Tanácsadó segítségét.

Mivel mindig különböző lehetőségek rejlenek benned, Belső Segítőd és Tanácsadód, az Isteni Tudat nem fogja érzékvilágodba tükrözni és közölni veled, hogy melyik pályát válaszd. De a segítségedre lesz, hogy megtaláld azt a szakmát, melyben kiteljesedhetsz, vagy amelyikben letisztíthatod azt, amit az előző életekben, az akkori szakmákban okoztál.

A Belső Segítő és Tanácsadó mindig törekszik arra, hogy több lehetőséget is megmutasson azokból, amelyek aktívak benned, valamint törekszik úgy vezetni téged, hogy a szakmádban kiteljesedhess, és sok embernek segíthess, szolgálhass.

Ennek feltétele azonban, hogy a Belső Segítőd és Tanácsadód vezethessen téged. Akkor aspektusokat és lehetőségeket mutat, melyekből felismerheted különböző képességeid és tehetségeid arányát. Például ahhoz a szakterülethez vezet, melyhez nagyobb lehetőséget és képességeket tároltál magadban.

A Belső Segítő és Tanácsadó úgy is vezethet, hogy események, kapcsolatok vagy bizonyos szakmákba való bepillantás által megmutatja a benned lévő lehetőségeket – például a szünidőben, egy séta alkalmával, egy orvosnál vagy egy klinikán tett látogatás által. Elvezethet emberekhez, akik szakmai tapasztalataikról mesélnek, hogy így olyan képet alkothass magadnak, mely segítségével a megfelelő irányba indulhatsz.

Ha éber vagy, azaz gondolataid letisztultak, akkor egyre világosabban fogod érezni, melyik szakmát válaszd, mígnem egyszer csak eléred a belső bizonyosságot, hogy melyik a helyes döntés számodra.

Akkor vagy felismered, hogy az ahhoz való helyes képzést választottad, vagy tantárgyakat váltasz; esetleg rövid időre újra az iskolapadba ülsz, vagy egy képzésbe kezdesz aszerint, hogy mit ismertél fel. Amit eddig tanultál és tapasztaltál, tehát amit isteni Tudatod befogadott és tárolt, azt a további földi életed során használni is fogod.

A szüleid veled kapcsolatos tapasztalatai is a segítségedre lehetnek. Földi életed első perceitől fogva kísértek, óvtak és gondoskodtak rólad. Talán vezettek számodra megismerési naplót, melyben feljegyezték jellemző vonásaidat. Ezek révén további és mélyebb bepillantást kaphatsz gyermekkori gondolkodásodba, érzéseidbe és életedbe. A saját naplód is sokat mond rólad, amennyiben azt lelkiismeretesen vezetted. Megtalálhatod benne önmagadat, tehát felismerheted igazi lényedet.

A rohanó korban, amelyben élsz, és amelyben egymást érik az események, bizonyára elfelejtettél időközben egyet s mást. A megismerési napló és a saját naplód által is feltárul előtted, hogy mi volt a fontos, és hogy mi az, ami még most is az. Ezáltal megtalálhatod önmagadat, és felismerheted, hogy a jó szakmát választottad-e, melyek megfelelnek tehetségeidnek, képességeidnek és kvalitásaidnak.

A szellemlény földi ruhában – Öregedés és hervadás – Találd meg az igazságot, „a burok tartalmát"!

Érezd, hogy ruhát öltött szellemlény vagy, aki néhány évre anyagi köntösbe, vagyis földi ruhába bújt. Gondolj erre mindig újra és újra! Földi életedet úgy kellene alakítanod és azzal megbirkóznod, hogy a testtől való elválás után – amikor az embert, a köpenyt levetetted – újra visszatérhess az eredethez, a fénybe, oda, ahol tér és idő nem létezik.

Ismerd fel: mindannyian az Örökkévalóság gyermekei vagyunk – függetlenül attól, hogy te rövid ideig földi ruhában vagy-e, vagy, hogy én, szellemlényként az örök létben élek. Tér és idő, nappal és éjszaka a szellemi szubsztancia sűrűsödése által jön létre, melyet anyagnak neveznek, és amely már nem fénylik önállóan – továbbá a Földgolyó mozgása által, mely önmaga körül forog, és a Nap körül kering.

Ha a Föld egy része a bolygó forgásának következtében a Naptól elfordul, az ember azt mondja: „Véget ért a nap." Vagy ha a Föld a Napot egyszer megkerülte így szól: „Elmúlt egy év." A Föld eme mozgásait nevezik időnek.

Ha az ember sokszor megérte, hogy a Föld megkerüli a Napot, akkor az a meggyőződése, hogy megöregedett, mert az évek, ahogyan ő a Föld keringését nevezi, meghatározzák korát.

A földi ruha hervadását a természeti törvények határozzák meg.

A finomanyagú világok, a szellemi égitestek nem ismernek árnyékokat, hanem átsugározza őket a fény, ezért belülről fakadóan ragyognak. Ez azt jelenti, hogy nem csupán *meg*világítottak, mint az anyagi világok, hanem *át*világítja őket a központi Ősnap, a végtelenség szellemi, központi égiteste, mely mindent átsugároz. Így minden tiszta, finomanyagú forma, csakúgy, mint a tiszta, finomanyagú világok is, önállóan világítanak. Mint ahogyan már hallottad, ezért nincsen árnyék és éjszaka a szellemi létben. Tévedés lenne azt hinni, hogy a végtelenségben is van nappal és éjszaka, tér és idő.

Az emberi test ki van szolgáltatva a nappalok és éjszakák váltakozásának. Csak akkor érzi magát jól és belülről fakadóan fiatalnak, ha az ember felismeri, hogy valódi lénye kozmikus. Ha ezt követően teljesíti Isten törvényeit, akkor sohasem lesz öreg. Belső lénye fiatalságot sugároz hervadt bőrén át. Noha földi ruhája hervad – mert alá van rendelve a földi természeti törvényeknek, mivel a test, az anyag csak korlátozottan és rövid ideig életképes – mégsem öregszik.

Tudnod kell, hogy az anyag egyszer majd feloldódik – amikor az alantas, ami az isteni Törvény ellen való, átalakult.

Az alacsony rezgések – az alantas én – egykor anyaggá sűrűsödtek; ez az anyag fel fog oldódni, azaz át fog alakulni a központi égitest, a központi Ősnap és Krisztus megváltó ereje által. A negatív, törvényellenes energia újra magas rezgésű energetikai, kozmikus, finomanyagú erő lesz.

Öregnek lenni azt jelenti, hogy állandóan régi, emberi gondolatokkal foglalkozunk, és hagyjuk, hogy azok határozzanak meg. *Hervadás alatt* pedig azt kell érteni, hogy a földi ruha, amely csak egy húsból és csontból álló köpeny, hervad, és egy napon levetik. A hervadt bőrön keresztül sugározhat a szellemiség, a belső fény, melyet az ember földi életútján egyre gyarapított.

A nagyon megterhelt lélek még földhöz kötött; külső dolgokhoz tapad, és ezért a világra irányult. A test halála után az ilyen lélek újra földi ruhába, a húsból és csontból álló köpenybe bújik, mert a Földhöz kötődik, és mert a még fennálló okai ebbe a világba vonzzák.

Ha azonban a lélek magasabb fejlettségre tett szert, miáltal már nem kötődik emberi gondolatokhoz, elképzelésekhez és véleményekhez, akkor belső fiatalságra és szépségre ébredt – ekkor a belső fénylény kisugárzik. Egy ilyen lélek nem költözik többé a húsba, hanem visszatér Isten birodalmába, hiszen ott van minden lény hazája, a tiéd is.

Csak az *öreg* tehát, akinek szellemi fejlődése megállt, aki gondolkodását és életét csak arra építette, amit agya eltárolt, és azt hiszi, hogy az az ő élete. Hallottad: Noha az agynak tárolnia kell mindazt, amire a földi ruhában lévő szellemlénynek szüksége van, azonban mégsem csupán az emberi elképzelések raktározására szolgál.

A tárolót, az agyat csupán csak emberi adatokkal programozni emberi tulajdonság, nem pedig szellemi. Az ilyen emberek idős korukra valóban megöregednek és betegeskednek. Amilyen beteges a test, olyan az agy is: rugalmatlan és feledékeny. Idős korukban gyermeteggé válhatnak, mert már csak a múltjukban élnek és arról beszélnek. Eközben elveszítik a realitással, a jelen életükkel való kapcsolatot. Életük elmúlt része számukra a jelen, melyet elképzeléseik fényében látnak.

Mivel az ilyen emberek belső értékei, belső érettsége hiányzik, ezért a külsejükre helyezik a hangsúlyt, és a teljesítményeikről beszélnek, mégis mindent összekevernek, mert folyton csak saját magukra gondolnak.

Mivel az „öreg" ember újra és újra a múltból hív le eltárolt tartalmakat, és ezeket a jelennel összevegyíti, nem is tudja végül igazán, mi a múlt és mi a jelen. Mindenfélével felmagasztalja magát, a tetteivel és a fájdalmával; vagy arról beszél, hogy mit szenvedett el, vagy, hogy ő milyen jó volt.

Ismerd fel: a korábbi szenvedésekről való beszéd hátterében is állhat az a szándék, hogy önmagunkat felmagasztaljuk. Ezáltal szeretné magát az ember hősként feltüntetni, aki átvészelte a nehéz múltat, melyet azonban a valóságban nem győzött le. Mert aki újra és újra a múltról beszél, hogy azáltal nagyobb megbecsülésre tegyen szert, vagy hogy együttérzést váltson ki, az nem győzte le a múltat. Idős korában a múltjában él és öreggé vált, mert tudata megrekedt gondolatainál és törekvéseinél.

Nos, most már ismered az öregedés és a hervadás közti különbséget: Azok az emberek, akiknek testük hervad, időskorban is lehetnek fiatalok. Lényük derűs és szellemi tudatuk aktív. Értelmük éber, csupa élet és elevenség. Érthetően reagálnak a különböző beszélgetésekben és helyzetekben. Életkorukon átragyog a belső, örök fiatalság, a világos lélek.

A hervadás ellenére is belső szépséget és belső értékeket sugároznak ki. A belső értékek maguk a belső erők, melyek a szeretet, a béke és a harmónia isteni Törvényéből áramlanak. Ésszerűséget, megértést, toleranciát és jóakaratot eredményeznek minden embertárssal szemben.

A Szellem emberei a belső értékeket sugározzák a hervadó bőrön, az átszellemült testen át. A test gépezetként szolgált a léleknek, hogy a földi évek alatt, tehát a nappalok és az éjszakák váltakozásában, kibontakoztathassa az isteni Tudatot. Akik kifejlesztették belső lényüket, kommunikációban állnak a Belső Segítővel és Tanácsadóval, a belső, örök Intelligenciával, az impulzusadó Istennel.

Ha a lélek egyesült a kozmikus Tudattal, akkor újra istenivé vált: az Abszolút Törvénnyé, újra a Menny szellemlényévé.

Nem az agyad az intelligencia benned, hanem a kozmikus Tudat, valódi önmagad, mely isteni. Az ember agya az örök Intelligenciának, Istennek kell, hogy szolgáljon, eszközként e világ számára. Tiszta, makulátlan, világos Tudatod az isteni benned. Ez maga az Intelligencia, Isten, az isteni Törvény.

Aki képes valódi lényéből meríteni, az bölcs és intelligens. A valódi bölcsek, a szellemileg intelligensek agya tehát eszközként szolgál, hogy továbbadhassák azt, amit közöl velük az Impulzusadó, az Intelligencia, Isten, a Belső Segítő és Tanácsadó.

Azonban ismerd fel, hogy a szavak csak szimbólumok. Amit a végtelenség, az isteni Törvény az agyon keresztül szóban kifejezésre juttat, az a *szóban* rejlik. Az a szó *tartalma*, nem pedig maga a szó. Ezért az igazi bölcs nem ragaszkodik a betűkhöz, hanem megfejti a szimbólumokat,

a szavakat, és a korlátlan igazságot a szó*ban*
benne találja meg.

Aki a szóhoz köti magát, mert a szó és a
kijelentés számára maga a mérték, az kötődik
a betűkhöz és vak az igazságra. Egy hasonlat:
Az ilyen ember csak a burkot, a szót veszi figye-
lembe, és ezért nem keresi és nem is találja annak
tartalmát, az Igazságot. A burok tartalma az Igaz-
ság, a törvényszerű válasz és megoldás.

Aki ismerni szeretné felebarátját, hogy milyen
is ő valójában, nem pedig, hogy milyennek mutat-
kozik, annak először saját magát kell megismer-
nie. Aki csak a külsőre tekint, és a szót úgy veszi,
ahogy kimondják, az nem ismeri sem önmagát,
sem felebarátját, mert nem képes a szavak mögé
pillantani. Ezáltal kötődik a szóhoz, mert csak
azt veszi figyelembe, és nem ismeri fel annak tar-
talmát. Ezért tartja csak a szót magát valóságnak.
Csak a burkot, a szót látja.

A burok tartalmát csak az tudja kikutatni, aki
saját magát is kikutatta: Felismeri felebarátját
annak szavaiban és kijelentéseiben, mert saját
magát is ismeri. Aki tehát csak a burokra, a szóra
pillant, és nem kutatta ki a tartalmat, az idős korá-
ban valóban öreg. Az ilyen emberek egy életen
át csak a burokról beszélnek – a külső létükről –,
és nem ismerik valódi önmagukat. Ezért földi éle-
tüket elpazarolták.

A test halála után az ilyen lélek újra földi testbe, új burokba bújik. Újra megadatik neki a lehetőség, hogy megtalálja a burok tartalmát, mely valódi önmaga.

Az újramegtestesülés a lélek egy új burokba való költözését jelenti, mely mindazokból az egykori emberi dolgokból áll, melyeket még nem vetett le.

Akik nem veszik észre valódi lényüket, mert csupán mellette élnek, azok csak felebarátjukra tekintgetnek, valamint minősítik és lebecsülik őket. Egy napon megélik, hogy burokba zárt énjüket feltöri a kalapács, melyet sorsnak neveznek. A kalapács, a sors az ember megtestesült gondolataiból, szavaiból és műveiből áll. A kalapács, a sors súlya egyszer csak lesújt a burokra, az én-re. Ami azután kitör, lehet ínség, gond, betegség, baleset és sok minden más.

A közvetett vezetés, a bolygóegyüttállások és a napi energia által a sors két olyan embert is egymáshoz vezethet, akik közös okot teremtettek, melyet most együtt kell legyőzniük.

A vetés és aratás törvényén belüli egymáshoz vezetés mindig két vagy több ember közötti kötéseken alapul. A közös okhoz való kötődésüket sorskarmának is nevezhetjük, melyet együttesen kell törleszteniük, hacsak egyikük vagy másikuk kellő időben ki nem oldotta magát belőle, az Isten Szellemében élt élet által, a megbocsátáson, bocsánatkérésen, és ha szükséges, a jóvátételen keresztül.

Aki nem eszmél rá időben valódi lényére és nem törekszik az isteni törvények teljesítésére, az nem fogja elkerülni sorsát, vagyis azt, amit egykor okozott és most is okoz.

Kedves fivér, kedves nővér, tehát nem csupán arra van esélyed, hogy az időben történő megvalósítás, megbocsátás és bocsánatkérés által elkerüld sorsodat, azt, ami esetleg emberi testedbe húzott; arra is lehetőséged van, hogy azzal, amit már legyőztél és már csak emlékként él benned, szolgálj és segíts felebarátodnak, aki az okozataiban él, és hasonlót kell legyőznie, mint egykor neked. Mindez csak akkor lehetséges, ha az okok feloldódnak, vagyis ha időben felismered magad, és ha a felismerteket meg is valósítod.

Ismerd fel:

A valódi bölcsek önzetlenül segítenek.

Aki önmagát legyőzte, már nem gondol saját magára.

A megvalósítás által a bölcs levetette énjét, az emberit, és a valódi létbe tekint – belelát az emberek szavaiba és az őt körülvevő dolgokba is. Látja és hallja azt is, amit az nem, aki csak a szót látja és hallgatja meg.

A bölcs látja, ami nem látható, hallja, ami nem kifülelhető. A szó tehát csak szimbólum: az ember olyan, ahogyan beszél.

Aki nem tud beletekinteni a szavakba, gyakran hamis képet kap önmagáról és felebarátjáról. A szavak *tartalma* adja meg az ember igazi képét, nem pedig önmagukban véve a szavai. Aki az embert olyannak látja, amilyen, nem pedig olyannak, ahogyan mutatkozik, az beletekint annak szavaiba, és azokban meglátja, milyen is ő valójában.

Minden szó egyúttal egy kép része. Több szó együttesen kiadja a képet. Aki tehát képes burokba, a szóba és a szavakba beletekinteni és egyúttal belehallgatni, az a teljes képet látja, és kihallja azt, amit nem mondanak ki.

Az ember a külsejében is kifejezi, hogy milyen is ő: ruháinak színe és formája, gesztusai, mimikája, viselkedése, frizurája, cipője, járásmódja valamint mozdulatai is elárulják, hogy ki és mi ő. Aki képes helyesen látni és hallani, az nem fog eltévedni.

A pubertás – Az érzékek és érzések vihara, ösztökélő vágyak – Szerelem első látásra? – Az ösztönök elnyomása helyett azok nemesítése – A férfi és a nő külső vagy belső értékei – Szerelem vagy belső, önzetlen szeretet a párkapcsolat alapjaként – Helytelen szerepmagatartás – Anya vagy „tyúkanyó" – Döntő irányvétel a kamaszkorban

Kedves fivér, kedves nővér lassan elérkeznek számodra – vagy már el is érkeztek – azok az évek, melyeket kamaszkornak neveznek. Ez a nemiség fejlődésének ideje.

Mind a lányok, mind a fiúk hevesek és meggondolatlanok ebben a fejlődési szakaszban. Ez ifjú életetek viharos és vágyakkal ostromló korszaka.

Íme egy hasonlat a természetből, mely megmagyarázza ezeket a belső folyamatokat: A fiatal ember felnőtté válását a tavaszból a nyárba való átmeneti időszakhoz hasonlíthatjuk.

Amikor a nyár búcsúztatja a tavaszt, azaz amikor a nyár fokozatosan kibontakozik, akkor a tavaszi viharok még mindig küzdenek a lágy nyári széllel. Azonban a nyár mégis felülkerekedik, mert a Nap egyre magasabbra emelkedik az égen.

Hasonló történik a serdülőknél is: Az ifjú ember még csak most nő bele lassacskán a felnőttek életébe. Noha benne már minden férfi vagy női jegy érettnek tűnik, és ezért már felnőttnek és érettnek érzi magát, mégiscsak a fiatal- és a felnőttkor közötti átmeneti időszakban van. Azonban már nem szeretné, hogy gyerekként vagy fiatalkorúként tekintsenek rá, és úgy is kezeljék, hanem arra vágyik, hogy felnőttként ismerjék el.

Miért éppen a pubertásban erős annyira a felnőtté válás kívánsága? Az ifjú ember érzékei és érzései még a viharok és ösztökélő vágyak korszakát élik, és csak fokozatosan kerülnek újra egyensúlyba. Ez a hormonok hatása, melyek csak lassanként veszik át a kormányzást.

Érzék- és érzésvilágod hangolását egy antenna hangolásához is hasonlíthatod: A csatlakoztatott eszköz csak akkor fogadja tisztán a hangot és a képet, ha az antennát precízen egyetlen adóra állították. Tudd, hogy, ha a hormonjaid harmóniában vannak érzéseiddel és érzékeiddel, akkor nemi életed kiegyensúlyozott lehet – amennyire azt a magaddal hozott programod engedi. Akkor már férfi vagy nő vagy, és már nem állsz a felnőtté válás folyamatában, hanem testileg megértél, azaz felnőtt vagy.

Most azonban még a fejlődés idejében, a kamaszkorban vagy és fokozatosan nővé vagy férfivá bontakozol ki. A viharok és ösztökélő vágyak eme időszakában azt hiszed, hogy mindent jobban tudsz másoknál. Okosabbnak véled magad iskolatársaidnál, tanáraidnál, szüleidnél és rokonaidnál. A fensőbbség érzetével nézel le a többi emberre. Azt hiszed, hogy ők sok mindet nem a helyes fényben látnak, mert bizonyos dolgokról másképpen gondolkodnak, vagy másként élik az életüket, mint ahogyan te a tiédet elképzeled.

Ez ahhoz vezet, hogy elkezdesz bírálgatni, minősítgetni. Van, amit elvetsz, azután valamit pedig elismersz, aszerint, hogy mit tartasz helyesnek, vagyis, hogy mi az, ami megegyezik gondolkodásoddal és érzéseiddel. Tehát a *saját* mércédet tartod az egyedüli helyesnek.

A fejlődésnek ebben a szakaszában meglepődve észleled, hogy az érzékiség intenzíven hívja fel magára a figyelmet. A fiút érzései a női, a lányt pedig a férfi nemhez hajtják. Mindketten felfedezik a másik nemet. A fiú egyszer csak felfedezi a lány női testi jegyeit, a lány pedig a fiú férfias tulajdonságait. Megmozdulnak az érzéki vágyak, lány és fiú egymáshoz vonzódik. A fiú egy bizonyos lány jelenlétében nagyon jól érzi magát, és fordítva: a lány is egy adott fiú társaságában.

Kedves nővér, kedves fivér, ezt megtapasztalhatod például egy iskolai vagy születésnapi ünnepségen is – mindig akkor, amikor több fiú és lány tartózkodik együtt: Szinte minden más iskolatársaddal jól megértitek egymást, de *egy* bizonyos lány vagy *egy* bizonyos fiú különösen felkelti az érdeklődésed.

Mi történt? Ez szerelem első látásra? Vizsgáld meg magad! Kérdezd meg magadtól, hogy *mi* tetszik abban a lányban vagy abban a fiúban.

Hallottad, hogy nincsenek véletlenek, hogy minden vezetés. Ha fiúként egy lány különösen megérint, akkor vagy emlékek, vagy megfelelések vannak benned.

A *megfeleléseket* nagyon hamar felismered, ha elemzed kívánságaidat és gondolataidat, és megvizsgálod az *alkommunikációt*, azaz érzeteidet, érzéseidet, melyek gondolataid vagy a testi tüneteid hátterében húzódnak. A fejlődési szakaszban lévő tested is nemi izgalomba jöhet, ami esetleg utána a lányhoz vonz.

Ha csak külső aspektusok azok, melyek izgalomba hoznak, akkor biztos lehetsz benne, hogy egy megfelelés hívja fel magára a figyelmet benned. Ez lehet például a lány testének átmeneti birtokolni akarása is – tehát nemi kívánságok. De hódítási vágyról is lehet szó: Ez a férfi vágya, hogy meghódítsa magának a nőt, és hogy őt saját kívánságainak kielégítéséhez birtokolja. Vagy az is oka lehet kívánalmadnak, hogy elvedd riválisodtól a lányt, egy egykori baráttól, akit nem kedvelsz.

De tisztán érzéki mozgatórugók is lehetnek a háttérben: Például a lányt azért akarod elcsábítani, hogy az érzékiségben kipróbáld magad.

Mindezeket az aspektusokat a megfelelés törvényéhez rendelheted – azaz, személyesen saját magadnak akarsz valamit, és ehhez embertársaidat szeretnéd használni.

Nem biztos, hogy a lány lelkében azonos vagy hasonló rejlik, mint a tiédben. Vagy vannak ugyan hasonló megfelelései, de esetleg másik emberre vonatkoznak, nem rád. Ha így van, akkor a lány először nem reagál a kívánságaidra.

Ám ha újra és újra gondolat- és kívánsághullámaiddal záporozod őt, akkor ezek ösztönözhetik a benne lévő megfeleléseket, míg végül talán enged kívánságaidnak. Attól függően, hogy mi történik ezután, újból megterhelhetitek magatokat.

A hasonló rezgéssel – vagyis a lánnyal – való találkozás mozgásba hozta a megfelelésedet. Ez először csak annyit akart mondani, hogy időben tisztítsd le a felismert hibákat, megfeleléseket, még *mielőtt* összetalálkozol azzal az emberrel, aki kötve van hozzád, mert egyik előző életedben közös okokat teremtettetek.

Az isteni Törvény által mindig megadatik számodra a lehetőség, hogy a kívánságaidat – melyek vágyak, és a felebarátod által akarnak kielégülni – időben felismerd és fokozatosan legyőzd.

Ha például felismered, hogy a lány nem reagál a megfeleléseidre – azaz vágyadra, hogy őt megnyerd magadnak –, akkor ne hagyd őt faképnél, csak azért, mert csalódott vagy. Ne is beszélj róla becsmérlően. A lány csupán tükör volt számodra, amelyben fel kellene ismerned magad. Általa mutatta meg neked Belső Segítőd és Tanácsadód, hogy mit kell letisztítanod – mielőtt esetleg sorsprogramjaid egyike lecsap.

Mert a *sors* az azonos vagy hasonló rezgésű érzetekből, gondolatokból, szavakból és cselekedetekből álló komplexum – egy program, melyet saját magadnak hoztál létre.

Gyakorold tehát a becsületességet és a lovagiasságot, ha figyelmed egy lány felé fordul. Menj oda hozzá, szólítsd meg, és fogadd be egyúttal a sugárzását. Kérd a világos Tudatodat, Belső Segítődet és Tanácsadódat, hogy befogadhasd a lány pozitív sugárzását.

Ha Belső Segítőd és Tanácsadód el tudja érni az agysejtjeidet, akkor érzékeiden keresztül – különösen a látó- és hallóérzéked által – segít, hogy felismerd a lány belső értékeit: Egyszer csak látod a kedvességét, vagy olyan szavakat és mondatokat hallasz, amelyek megérintenek. Ezáltal egészen más képet kapsz a lányról.

Ha Belső Segítődnek és Tanácsadódnak, világos tudatodnak lehetséges közvetlenül vezetnie téged, akkor további, a lányon és a lányban lévő szeretetre érdemes aspektusokat fog mutatni, melyeket azután nem szeretnél szétrombolni az érzéki kívánságaiddal. Hirtelen egészen másfajta vonzódást érzel a lány iránt. Az érzéki gondolatok barátias gondolatokká és érzésekké válnak, és ebben a lányban már azt az embert látod, akivel esetleg jó barátságot alakíthatnátok ki.

Mi történt? Belső Segítőd és Tanácsadód megmutatta, hogyan kell viselkedned egy olyan helyzetben, amelyben testi érzékek hajtanak bensőséges, összekötő szeretet nélkül.

Ha azonban a lány reagál a csábításodra, és tested egyre jobban űz, kérdezd meg magadtól, hogyan szeretnél dönteni: Akarod-e, hogy kívánságaid és vágyaid szenvedéllyé váljanak, melyek mindig új áldozatot keresnek?

Vagy olyan akarsz lenni, mint egy fiatal fa, azaz szeretnéd-e nemesíteni magadat, és hajtásaidat időben megmetszeni, mielőtt azok elfajulnak és ösztönéletbe hajszolnak?

Vagy egy állathoz akarsz hasonlítani, melynek bizonyos időközönként ki kell elégítenie magát, egyúttal azonban nemz is?

Vagy férfivá szeretnél válni? A férfiasság jellemző vonása az adakozó szeretet. A férfi önzetlenül ad, és önzetlenül is fogad.

A döntés a te kezedben van!

Ismerd fel, kedves fivér, kedves nővér: A kamaszkor is újra egy döntő állomás, melyben saját magatok határozzátok földi életetek irányát: Most még könnyebben terelhetitek az érzékeket szellemi pályára, úgy, hogy Belső Segítőtökkel és Tanácsadótokkal kijelölitek a jövő útját a nemes élethez, ami hatással lesz nemi kívánságaitokra és érzékvilágotokra.

Tudd: Az ember érzékei arra hallgatnak, aki Istenre hallgat. Ha az ember nem veszi kézbe az életét, hanem átengedi a látszólagos véletlennek, akkor ő az érzékek, illetve a földi és asztrális erők játékszerévé válik.

Ez nem azt jelenti, hogy fel kell adnod a nemi életet. Hanem *nemesítened* kell azt, hogy egyszer majd befogadhasd és elfogadhasd feleségedet vagy férjedet, hogy őt szívből szeresd.

Aki nem tanulta meg rendezni gondolatait, az nem tudja fékezni szavait sem, és nem uralja érzékeit. Egy ilyen embert a szenvedélyei űzik, miáltal mindig új szenvedést teremt. Azaz: Aki földi életét, érzéseit, gondolkodását és akaratát, beszédét és cselekvését nem tartja ellenőrzés alatt, az egy üldözött és hajszolt ember, aki nem ismeri fel saját magát, és földi valamint asztrális erők játékszerévé válik. Szenvedélyeinek és ösztöneinek adja át magát, és megfelelései irányítják.

Földi és asztrális erők eszközévé válik, melyek rajta keresztül tombolják ki magukat.

Megismétlem: Nem kell elnyomnod az érzéki érzéseidet. Az helytelen volna. Hiszen minden, amit elfojtottak, újra a kitörésre törekszik. A lényeg tehát, hogy ne fojts el semmit, hanem a *kifinomításra* törekedj.

Minden, már többször megtestesült lélek újra és újra egykori szexuális életének emberi megfeleléseit hozza magával. Ezért egyeseket jobban, másokat kevésbé befolyásol a szexuális élet – a hozott megterheléseknek megfelelően. Isten Szelleme azonban minden embernek megadja a lehetőséget, hogy ezeket az ösztönöket a kellő időben megnemesítse.

Egy fácskát gyakran már az előtt nemesítenek, mielőtt gyümölcsöt hozna. Ez rád vonatkoztatva a következőt jelenti: Mielőtt férfivá vagy nővé válsz, meg kellene nemesítened a szexuális életedet. A serdülőkorban ez könnyebben megy, mint a felnőttkorban, mert a kamaszkorban még nem erősítették meg a szexuális életet a sokéves gyakorlással.

Ha a szexuális kívánságoknak sokáig nem vetnek gátat, akkor azok szenvedélyekké válnak. A szenvedélyeknek azonban további szenvedélyek a következményeik: például dőzsölés, iszákosság, kapzsiság és sok más. Ez ugyanúgy érvényes a fiúkra, mint a lányokra.

A lánynak is figyelmesen ki kellene derítenie, miért vonzzák őt érzései és érzékei a fiúhoz – milyen gondolatok és kívánságok vannak azok hátterében. A lánynak is a belső értékeket kellene keresnie és megtalálnia a fiúban, és azokat saját bensőjébe, világos tudatába befogadnia. Amit pedig azután a Belső Segítő és Tanácsadó jelez, azt követni kellene. Ezáltal kellő időben nemesül a fiatal fácska. Koronáját nem növik be majd vastag oldalhajtások, melyek csak energiát szívnának el a fától, és nem hagynák, hogy a fajtájának megfelelő gyümölcsöt teremjen.

Az érzékek nemesítése a következőt jelenti: Ne foglakozz állandóan azzal, amit az érzékek akarnak. Az érzékiség testi izgalomban mutatkozik férfinál és nőnél egyaránt. Ha az izgalomba jött ember ilyenkor ennek megfelelő szexuális képeket fest gondolatban, akkor felerősíti érzéki vágyát, és a gondolatban lejátszódott képeket meg is akarja élni.

Ezzel szemben, ha az érzéki izgalomban lévő ember olyan képet jelenít meg gondolataiban, melyben társát fénnyel és szépséggel veszi körül, melyben őt drágakőnek vagy szép, finom porcelánedénynek látja, akkor ez a gondolati kép az annak megfelelő viselkedésre ösztönzi. Tehát Istennek egy gyermekét látja maga előtt, melyben a drágakő, vagyis Isten ragyog. Hogyan bánjon vele? Szenvedélyesen, mohón – vagy úgy, mint egy finom, ragyogó porcelánnal?

Újra és újra hallod és olvasod, hogy az emberben lévő lélek azért van a Földön, hogy tisztítsa magát, hogy újra a Menny gyermekévé váljon, Isten fiává vagy leányává.

Isten Törvénye így hangzik: Testi együttlétkor a férfinak csak akkor kellene férfi erejét áramoltatnia, ha ő is és a nő is gyermeket szeretne.

A férfierő tehát nem fog kiáramlani, ha egyikük sem a testének vágyait éli ki, hanem szeretetben átölelik egymást, és mindketten Istenben akarnak egyesülni. Ha mindketten Istenhez emelik érzéseiket és gondolataikat, akkor a nemiség nem nyomás és hajszolás lesz. Ekkor a testi kapcsolatban mindkét fél magát ajándékozza a másiknak, de nem azzal a céllal, hogy kölcsönösen felingereljék egymást az érzékek tetőfokának eléréséig. Egyikük kívánsága sem az érzéki ingerek magasrepülése, hanem van erejük az érzékek felkorbácsolása nélküli egyesüléshez – összetartozásban és boldog együttlétben.

Az ilyen testi egyesülés nem törvényellenes, azonban ez még messze nem jelenti azt, hogy a test sejtjei és a lélek részecskéi egyek Istenben. Csak miután már ezt elérték, akkor nyugszik mindkét fél Isten szeretetében, és akkor ajándékozzák egymásnak az önzetlen szeretetet Istenből.

Ha minden okot törlesztettek, melyeket a lélek előző inkarnációiból magával hozott, beleértve az érzékiséget is, akkor legyőzték az emberi egyesülés iránti vágyat és nyomást. A férfi és a nő testi kapcsolata ezután már csak finom, nemes közös sugárzásban történik. Ez azt jelenti, hogy testileg csak akkor egyesülnek, ha mindketten gyermeket szeretnének.

Ennek az isteni parancsolatnak a teljesítése csak azután lehetséges, miután a lélek megterhelései a szexualitás tekintetében messzemenően letisztultak, valamint a férfi és a nő érzékei is Istenben nyugszanak és rájuk hallgatnak – ha tehát gondolkodásuk és életük Istenre, az önzetlen Szeretetre irányult.

A még fennálló szexualitást vagy érzékiséget meg kellene nemesíteni olyannyira, hogy a férfi és a nő Isten parancsolatát teljesítse. Jól hallottad: A férfi és a nő közti szeretet olyan emberekké teszi őket, akik valóban szeretik egymást, akik bizalmat ajándékoznak egymásnak, akik minden téren megbízhatnak egymásban, és ezáltal nyitottak egymás iránt. Nincsenek titkaik egymás előtt.

Ha lassanként férfivá váló emberként kedveseddé szeretnél választani egy lányt, akkor kérdezd meg magadtól, mi az, amit szeretetre érdemesnek találsz ebben a már-már felnőtt nőben. Az érzékeid ekkor nagyon gyorsan színlelnek valamit, különösen akkor, ha az idegeid a feszültség levezetésére hajszolnak. Ugyanez érvényes a nőre is.

A lánynak is meg kellene vizsgálnia, hogy udvarlója vajon csak a külső bájra tekint, vagy mélyebbre, a belső értékekre. Külső inger lehet a lány sima, fiatalos bőre, csinos arca, vonzó alakja, de akár a vagyon is. A férfinél lehet ez a jó kinézet, karakán megjelenés, vagy akár a szakmája, a vagyona vagy a járműve.

Mindezek és még bizonyára néhány más dolog is külső kellemetességeket és ingereket kínál. Ahol ez a cél és a törekvés alapja, ott az élet- vagy házastársi kapcsolat sok esetben homokra épül. Ha a szív a szívvel nincs összhangban, akkor ezek a külső jegyek és előnyök nagyon hamar másodrangúvá válnak. Noha még jelen vannak, de hiányzik a megértési szint, vagyis az egymás megértése. A külső kellemességek később maguktól értetődővé válnak, melyekről nem akarnak lemondani. De mit ér a külső kellem, ha a két ember már nem érti meg egymást?

Gyakran csupán csak a külső kellemek jelentik az egyetlen köteléket, mely a házas- vagy élettársi kapcsolatot még összetartja, mert továbbra

is a lehető legkellemesebb külsőséges életre töre-
kednek. A belső életet azonban, mely a feleket
nemes, kifinomult emberré tenné, ekkor már nem
lehet kifejleszteni.

A benső értékek az önzetlen szeretetből áram-
lanak, mely semmit nem vár el, hanem magát
ajándékozza.

A férfi belső értékei a stabilitás, a hűség, a
bizalom, a nyitottság, a szerető gondoskodás és
az egyenesség. Az igazán szerető férfi az oltal-
mazó, akinél a nő védve érzi magát.

A bizalom a belső értékek egyik fontos része.
Ha a férfi és a nő teljes bizalommal van egymás
iránt, akkor egyikük sem féltékeny a másikra vagy
egy másik férfira, illetve nőre. A feleség megbízik
a férjében és a férj a feleségében. A bizalom azt
jelenti: „A bizalmamat ajándékozom neked."

A feleség biztos a férj hűségében és a férj is a
feleségében. A bizalomból bontakozik ki a sza-
badság, ez pedig azt jelenti, hogy egymással élni
– nem pedig egymás mellett, vagy akár egy-
másra támaszkodva. A szellemi nyíltságból adó-
dóan mindketten csak becsületesen cselekednek.
Például: A feleség megbízik férjében, mikor az
nélküle hagyja el a házat, mikor megbeszélésekre
megy, üzleteket bonyolít le, szakmai utazáson
vesz részt, vagy amikor esténként barátokat vagy

előadásokat látogat. A feleség elkíséri őt, ha tudja,
de ha otthon marad, akkor is nyugodt a férje felől.
Fordítva ugyanígy van.

A nő belső értékei a nyitottság, az egyenesség,
az őszinteség, a hűség, a kedvesség és a szépség.

A *szépséget* nem kellene összekeverni a csi-
nossággal: A csinosság az ifjú test külső „szárnya-
lása". A szépség a világos lélek sugárzása, mely
– ahogyan az már kinyilatkoztatott – a kedvesség-
ben, a test harmonikus mozdulataiban, a kiegyen-
súlyozott beszédben, a harmonikus gesztusokban,
a szelídségben és a megértésben jut kifejezésre.

A belső értékek nem a szexuális ösztönökre
hatnak, hanem besugároznak a belső értékekkel
törődő, önzetlenül szerető ember világos tudatába.

A serdülőkor után a lány belső értékeihez tar-
tozik már a nőiség is. A nőiség nem az izgató nőt
vagy a civakodó „asszonyságot" jelenti, és nem
is a „tyúkanyóságot", ami kimerül saját csibéinek
felügyeletében.

Kedves nővér, szeretném elmagyarázni, hogy
mi a különbség a nő mint feleség és a nő mint
„asszony" között: A feleség független. Tudja, hogy
férje Istennek egy fia, és hogy ő Istennek egy leánya.

A kibontakoztatott belső értékekkel rendel-
kező nő nem teszi közszemlére külső bájait.
Harmonikusan öltözködik, nem kihívóan. Nem

aggatja tele magát mindenféle díszes holmival, hanem kiválaszt egy-egy diszkrét ékszert. Barátságos, de egyben visszafogott is, és kellemes társa partnerének.

A belső értékekkel rendelkező emberek ki is sugározzák azokat. Aki képes ezt meglátni, az felismeri sugárzásukat a megjelenésük összképéből. Az ilyen ember lénye kellemes, nem akar a középpontban lenni, és nem akarja magára vonni mások figyelmét. Ő az, ami: ő önmaga.

A belső értékekkel rendelkező nőnek megnyerő a külseje. Megjelenését bensőjének kisugárzása hatja át. Nem játssza meg magát, azaz nem érzelgős. Lénye és viselkedése a belső szépség harmóniája és kifejeződése. Nem szerelmes, hanem valóban szereti férjét.

A szerelem gyakran nagyon gyorsan véget ér. A szerelmesek többnyire a külsőbe szerelmesek. Ha nem az önzetlen szeretet, nem a belső értékek kötik őket össze, akkor azokat az ingereket hamar kiélvezik, és a külső szeretet üressé válik.

Hasonlóan, mint a felségnél, úgy van az a férjnél is. Az ő belső értékei is kellemes, visszafogott külsőt eredményeznek. Nyíltsága és egyenessége férfiasságot és őszinteséget sugároz, melyet azonban nem a szexualitásban használ fel, hanem férjként és apaként a családjában, a munkahelyén és az élet minden területén, melyekben szabad akaratából tevékenykedik.

A bizalom alapja a belső szeretet. Ha a feleség megbízhat a férjében, és a férj is a feleségében, akkor ők bizalmas barátok, akik jól ismerik egymást. Ekkor növekszik köztük a bensőjüket egyesítő szeretet, mely *egybeköti*, nem pedig egymáshoz kötözi őket. Az önzetlen szeretet a bizalom és az összetartozás köteléke.

A szerelem a külső jegyek által kiváltott érzések fellángolása, mely sok esetben kötöttséget jelent. Aki csak a külsőre fekteti a hangsúlyt, az ahhoz kötve is van.

Az ingerek kötnek. Erőltetettek és mesterségesek. Nem a belső szabadságból, Istenből jönnek. Aki tehát külső ingerekbe szerelmes, azaz külső értékekbe, az nagyon hamar féltékennyé válik. A féltékenység sohasem toleráns, továbbá kötöttségeket teremt. A kötöttségből nő ki a függőség, amelynek azután veszekedés a következménye.

Az a partnerkapcsolat vagy házasság, mely egykori szerelemből és megszokásból áll, és amelyben zárkózottság és bizalmatlanság uralkodik, jó néhány visszás helyzetet eredményez. Egykor mindketten szerelmesek voltak egymásba, ám az az állapot nyílt vagy alattomos harccá változott, mely gyakran szócsatákba és tettlegességbe torkollik.

Kiindulhatsz ebből: Aki feleségként vagy férjként csak a külső értékekhez kötődik, aki azokba szerelmes, az maga sem birtokolja azokat. Felebarátja külső értékeivel szeretné magát díszíteni. Valójában azok által szeretne élni, miáltal felmagasztalja magát társa értékeivel.

Az a kijelentés, hogy „te az enyém vagy, én pedig a tiéd", azt jelenti, hogy a társ teste azé is, aki annak testi jegyeibe szerelmes lett, és aki azt használhatja. Ilyen módon sok esetben a nő a férfi birtokává, illetve a férfi a nő birtokává válik.

A birtokolni akarás előhozza a férjből és a feleségből is az "asszonyosat", a veszekedős „nőszemélyt": Az asszony a férjre támaszkodik, féltékeny, kötekedő és aggódó, mert azt gondolja, hogy férje megcsalhatja vagy akár el is hagyhatja.

Az asszony efféle kívánsággal jelenti be birtoklási igényét: „Te a férjem vagy, ezért ilyen-olyan teljesítendő kötelességeid vannak!"

Kényszeríti felebarátját, aki az ő férje, hogy azt tegye, amit ő, az asszony helyesnek gondol. Féltékeny a férjére és a női nemre is. Folyamatosan azt fürkészi, nem csalja-e meg mégis a férje. Ezáltal megtagadja tőle a bizalmat. Az a véleménye, hogy férjének vannak olyan gondolatai, melyekhez ő nem fér hozzá.

Hasonlóan van ez a férjnél is, aki „elasszonyosodik". Az „elasszonyosodott" férfi a férfi nemhez tartozó ember, aki a feleségére támaszkodik, és ennek következtében nem is nyújt biztonságot számára. A női nemet keresi, és a nő külső értékei által próbál élni, azok által próbálja magát felmagasztalni.

Az ilyen férfi számára a nő vonzó értékei a következők lehetnek: a szilárdság, mellyel ő nem rendelkezik, a biztonság, mely nála hiányzik, szakmai képzettség, melyet nem szerzett meg, vagy a vagyon, amelybe kapaszkodik.

Ez és még néhány dolog jellemzi az „elasszonyosodott" férfit, aki feleségét emiatt a legnagyobb nehézségekbe sodorja – hiszen a nő az, aki eredendően a befogadó, és akit az „elasszonyosodott" férj az adó szerepébe kényszerít.

Ez már nem felel meg a törvényszerű adásnak és befogadásnak. Ily módon a nő nem lehet nő, illetve nem válhat nővé, feleséggé, és a férfi sem töltheti be férfi és férj szerepét, mely az adó princípium.

Földi világotokban ezért helyre kellene állítani a férfi és a nő közti erők egyensúlyát. A férfinak újra az oltalmazó, adakozó és óvó princípiummá kellene válnia, akiben a nő megbízhat, akkor védve és óvva érzi magát.

A nőnek újra a befogadó, megőrző princípiumnak kell lennie, aki a férfinál biztonságban érzi magát, bizalmat ajándékozva neki.

Ha a férfi és a nő közti erők összhangban, tehát harmóniában vannak, akkor mindketten szeretik egymást. Akkor nem szerelmesek, akik már rövid együtt töltött idő után hadakoznak egymással, mert mindkettő a másik által szeretné énjét éltetni és felmagasztalni.

Kedves fivérem, ügyelj tehát arra, hogy fiúból igazi férfivá érj, és te kedves nővérem, lányból igazi nővé válj – olyanná, aki belső értékekkel rendelkezik.

Nem minden nőből lesz anya. Ennek gyakran mélyebb okai vannak, amelyek tisztán szellemi természetűek, vagy amelyeket a vetés és aratás törvénye határoz meg.

Egy nőből akkor lesz anya, ha ezt ő saját maga betáplálta a kozmikus törvénybe: vagy szellemi megbízatása által a földön, vagy a vetés és aratás törvényén keresztül. A szellemi megbízatás azt jelenti, hogy az embernek egy szellemi küldetést kell teljesítenie a Földön. De ez az ember is megterhelheti magát. Ekkor lelke fejlettségi szintjének megfelelően egy világos vagy egy sötét lelket vonz magához aszerint, hogy mit táplált be a törvénybe, gondolkodása és élete által.

Már olvastál azokról a lelkekről, akik Isten megbízatásában állnak. Eme lények számára más kritériumok érvényesek, mint azon lelkek számára, akik elhagyták Istent, az örök Intelligenciát, és ezáltal ellene, tehát Isten ellen fordultak és fordulnak.

Aki előző földi életeiben sok okot teremtett, annak lelke újra azokat a lelkeket vonzza magához, akikhez az egykori közös hibák kötik.

Ismerd fel: Minden emberi, tehát nem isteni gondolattal Isten ellen, az Ő örök Törvénye ellen vagy, és ezáltal saját sorsodat építed a vetés és aratás törvényében.

Annak, aki például egy előző életében egy leendő gyermek ellen vétkezett, bizonyos körülmények között lehet, hogy nem lesz gyermeke jelenlegi életében, vagy csak egy lesz, de nem több. Vagy egy másik példa: Egy családba olyan gyermek születik, akin az okok már világossá váltak, és ezeket okozatként a családnak a közös karmában viselnie kell.

De ezek csak általános utalások. Tudd, hogy a vetés és aratás törvénye, az oksági törvény megszámlálhatatlanul sok, egymással átszőtt, karmikus szálból áll. Egy hatalmas, nagyon finom szövésű hálóhoz hasonlítható.

Milyen a jó anya, akire illik ez a kifejezés? Ő az a feleség és anya, aki férjének felesége marad és jó anyja gyermekeinek – nem kényezteti el őket, hanem gondoskodik róluk. A jó anya nem teszi magától függővé gyerekeit, hanem önállóságra és belső szabadságra neveli őket.

De van olyan anya is, aki olyan, mint a *„tyúkanyó"*; folyton anyáskodik gyermekei felett, azaz saját tapasztalatait és elképzeléseit akarja rájuk tukmálni, és nem akarja őket szabadon engedni: Gyerekei csak azt fogadják el, amit az anyjuk jónak és helyesnek ítél, ezért nem is tesznek szert saját tapasztalatokra. Ez mehet így egy ideig, de eljön az idő, amikor a gyerekek kitörnek, mert az örök Törvénynek megfelelően önálló, szabad lények akarnak lenni.

Az ilyen anya nem tudja gyermekeit az életbe bevezetni. Nem tapasztalják meg a helyes életmódot, és nem alakulhat ki az anya és gyermekei közti testvéries kötelék. A kötelék alatt azt értem, hogy az apának és az anyának gyermekük vagy gyermekeik barátjának és társának kellene lennie, nem pedig diktátornak, aki a tekintély elve szerint nevel.

Ha egy anya úgy tekint gyermekére, mint tulajdonára, és ráerőszakolja saját gondolatait és szokásait, akkor ő nem anyai, hanem anyáskodó: gyermekét a saját elképzeléseivel és véleményével eteti, melyeket az egyedüli helyesnek vél.

Ha az apa is hasonlóan „tyúkanyó" jellemű, akkor egyik fél sem ismeri el a gyermekében lévő szabad lényt. Teljes egészében maguknak akarják őt, azaz a belsőt és a külsőt is, vagyis a lelket és a testet is – és a lényt, a gyermeküket olyanná akarják formálni, amilyenné ők tartják helyesnek és jónak, nem pedig, ahogy Isten Törvénye szeretné.

Ismerd fel: Az apa és az anya is nagy *felelősséget* vállal a gyermek nemzésekor mind az érkező lélekért, mind a burokért, vagyis az anyagi testért.

Aki tudatában van ennek, az már az érkező lelket is megbecsüli, és a fejlődésben lévő testnek, tehát az anya testében lévő magzatnak azt közvetíti, amire a léleknek és a gyermeknek szüksége van: jó, harmonikus, kiegyensúlyozott gondolatokat és szavakat valamint az ennek megfelelő magatartást. Ezek olyan erők, melyeket a magzat befogad.

Aki életét lelkiismeretesen éli, az fejlődésben lévő gyermekének és az újszülöttnek is a legjobbat kívánja, és úgy is gondolkodik és cselekszik. Ezért az embernek át kellene gondolnia szexuális vágyait. Egy gyermek nagyon könnyen megfoganhat; és ha a szülők részéről nem teljes az elfogadás, akkor új okokat teremtenek.

Ha egy feleség anya lett, anyai kötelességei ellenére továbbra is férje kedves, szeretetre méltó és ápolt külsejű feleségének kellene maradnia.. Azonban ne váljon „tyúkanyóvá", és ne fedje el belső szépségét az „anyai kötelességek" által.

Kedves nővér, kedves fivér, a pubertás korában a döntés, hogy hogyan alakul tovább az életed, a te kezedben van. Ezért is nyilatkoztam ki, hogy a pubertás éveiben döntően meghatározhatod a mostani földi életed – vagy akár további inkarnációid! – fejlődési irányát. Ha a lélek már nem inkarnálódik többé, akkor a mostani földi élet a lélek finomanyagú világokban való továbbfejlődésének útját jelöli ki, ahol már az anyagi test nélkül él tovább.

Mind a férfivá váló fiúnak, mind a nővé váló lánynak útmutatásokat adok, hogy hogyan tudják életüket földi létüknek ebben a szakaszában úgy alakítani, hogy azt szabad és törvényszerű pályára irányíthassák:

A *napló* vezetésének a pubertás idején is jelentősége van, mert később is felvilágosítást ad, mikor a kamaszkorból már kinőttél, és a szakmádban kell helytállnod, valamint családot alapítasz. Ha szüleid már megismerési naplót is vezettek rólad, gyermekükről, és gondosan feljegyezték benne viselkedésed jellemzőit, a jót és kevésbé jót is – és saját reakcióikat veled, az ijedt vagy haragos gyermekkel kapcsolatban –, akkor mindazokból sok mindent le lehet vezetni, ami most, a pubertásban történik. Így például egy fiatal ember szexuális kitöréseinek vagy heves agressziójának a gyermekkorban is gyökerezhetnek okai.

Ha a gyermekkorban több volt a *tilalom*, mint a *szívből jövő útmutatás*, akkor a gyermek, attól való félelmében, hogy a szülők leszidhatják vagy akár megverhetik, bizonyos körülmények közt sok mindet elnyomhatott magában. Az ilyen elfojtott félelmek hatása éppen a pubertás idején jöhet elő szexuális kitörések vagy agresszió formájában.

A felismerési napló segítségével bizonyos körülmények között megérthető, hogy a fiatal miért éppen így, és nem pedig másképpen viselkedik. Az is lehetséges, hogy a felismerési napló és gyermekük pubertáskori nehézségei által a szülők saját téves magatartásukat ismerik fel. Ha tudnak beszélni erről gyermekükkel, akkor bocsánatkérésük és a megértés által legyőzhetnek néhány dolgot, amely a pubertásban lévő fiatalnak nehézségeket okoz.

Ha nincs felismerési napló, akkor jó lenne, ha te, kedves fivér, és te, kedves nővér, rögzítenél egy naplóban mindent, ami erősen felzaklat, vagy ami agressziót vagy depressziót vált ki benned. A naplóban – mint ahogyan azt a szó maga is sugallja – raponta feljegyezheted, mi az, ami különösen megérintett vagy megragadott.

Ha újra és újra ugyanazok vagy hasonló nehézségeid támadnak, ha tehát ismételten azonos vagy hasonló gondolatok, agresszió, depresszió vagy félelmek lépnek fel, akkor kérdezd meg magadtól, hogy mi váltotta ki azokat: Milyen gondolatok jártak a fejedben röviddel azelőtt, vagy milyen események vezettek azokhoz. Felismeréseidet írd be a naplódba; ha lehetséges, dátummal és időponttal együtt.

Már hallottad, hogy amikor például agresszió, depresszió vagy különböző félelmek sújtanak, vagy amikor erőteljes szexuális vágyaid támadnak, akkor azt megelőzően bizonyos folyamatok játszódtak le gondolataidban vagy az érzékeiden keresztül. Ez azt jelenti, hogy a különféle megfeleléseket magadban hordozod, melyek kedélyed nyugtalanságát gerjesztik. Ha tehát valamilyen tevékenység vagy bizonyos dolgok figyelése közben gondolataiddal azonos vagy hasonló gondolatkomplexumokhoz közelítesz, akkor a benned lévő megfelelések kommunikálni kezdenek a körülötted vagy az atmoszférában található gondolatkomplexumokkal. Ezek hatására törnek elő félelmek, depresszió, agresszió vagy heves szexuális vágyak.

Ezeket az energiamezőket mozgásba hozhatják bizonyos testmozdulatok, tárgyak, melyek valamilyen esetre emlékeztetnek, vagy akár emberek, képek is. Ezután egy energiafolyam jön létre – melyet kommunikációnak is nevezek –, amely által a benned lévő megfelelések erősebb hullámzásba kezdenek, ahogyan azt már leírtam.

Ha az újra és újra visszatérő, hasonló állapotokat vagy körülményeket időponttal együtt bejegyezted naplódba, akkor könnyebben rekonstruálható, mi hívhatja elő az effajta állapotokat.

Már tudod, hogy mindenben ott van a válasz és a megoldás! Ha felismerted, mi váltja ki ezeket a jelenségeket, akkor meg tudod találni a megfelelő választ és megoldást is.

Ha felismerted és letisztáztad emberi kitöréseid gyökereit, akkor azt is rögzítsd a naplódban. Írd fel, hogyan győzted le például az agressziót vagy depressziót, tehát hogyan szabadultál meg azoktól, és hogy ez mit eredményez számodra a továbbiakban.

A naplódban lévő pozitív és negatív is neked szolgál a további felismerésekhez és bensőd épüléséhez, éréséhez. Ha egyszer ismét hasonló helyzetbe kerülsz, akkor segít a napló, amely olyan, mint egy jó útitárs: bármilyen helyzet álljon is elő, mindig beleolvashatsz feljegyzéseidbe.

Naplód olyan impulzusokat is adni fog, melyek által kapcsolatot tudsz teremteni Belső Segítőddel és Tanácsadóddal. Az intellektus gyakran ellenőrizetlenül ide-oda ugrál, és az ember ezért nem talál már hozzáférést bensőjéhez. Feljegyzéseid ekkor újra a benned lévő Segítőhöz és Tanácsadóhoz vezethetnek. Ha a leírtakat figyelmesen olvasod, és örülsz annak, amit már legyőztél, ami benned már istenivé vált, akkor nyugodtabbá és biztosabbá válsz, és higgadtan nézel szembe az új helyzettel. A nyugalomban újra megtalálod a kapcsolatot a Belső Segítőddel és Tanácsadóddal, aki mindig segíteni szeretne.

Soha ne fordulj el szüleidtől. Törekedj rá, hogy jó barátok és társak legyetek! Ápold mindenben a nyíltságot. Akkor mindenről tudsz majd beszélni, örömről és nehézségekről – és akkor a szüleid is így tesznek majd. Ez összeköt titeket, és erőt ajándékoz az együttes, bajtársias élethez a Földön.

Kedves fivér, kedves nővér, ha lassanként a pubertáskor végéhez közeledsz, akkor a kedélyed nem hullámzik már annyira, hiszen a vágyak viharát messzemenően legyőzted. Noha visszaköszönhetnek még néha, de az már csak olyan, mint amikor beköszönt a nyár, ám esetenként még öntözhetik hűvös, tavaszias záporok a már zöldellő réteket, erdőket.

Befejezted már iskolai tanulmányaidat? Vagy még főiskolára, egyetemre jársz? Esetleg már dolgozol? – A Belső Segítő és Tanácsadó mindenkit képességei, tehetsége és kvalitásai szerint vezet. Minden törvényszerű szakma sokak jólétéért fontos.

**A szakmai élet – A munkához és a fizetéshez
való viszonyulás – Nem léteznek véletlenek, így
a munkahelyen sincsenek – A munkatársak és
a megfelelés törvénye – A polaritás – A bölcsek
köve – Válj személytelenné és bölccsé!**

Szakmád hivatás is lehet, ha engeded, hogy a
Belső Segítő és Tanácsadó vezessen. Ő nem terel
kerülőutakra. Ismer téged, a gyermekét, és tudja,
hogy emberként mire van szükséged. Azt is tudja,
hogy milyen szakmát kellene választanod, amely
megfelel képességeidnek, és amelyben örömödet
lelhetnéd.

Isten benned lévő Szelleme, az örök Intelli-
gencia arra törekszik, hogy közvetlenül vezessen
téged. Ezt akkor tudja megtenni, ha figyelembe
veszed a napok impulzusait, ha a napot tudato-
san éled, és ha a benned lévő istenivel kapcsolat-
ban maradsz.

Ha azonban hosszan időzöl saját problémái-
don és nehézségeiden, vagy olyan dolgokkal fog-
lalkozol, melyek nem rád tartoznak – pl. ember-
társaid viselkedésével, és azon gondolkodsz, hogy
vajon hogyan gondolkodnak és beszélnek rólad –
akkor elfordulsz Belső Segítődtől és Tanácsadód-
tól. Az ilyen emberi magatartás szétszórttá és
saját éned rabjává tesz. Újra és újra ugyanazok a

gondolatok járnak a fejedben, és ezért már nem tudod észlelni magadban az isteni impulzusokat.

Aki nem képes *egyetlen* dologra koncentrálni, aki naphosszat töpreng dolgokon és történéseken, anélkül, hogy azokat tisztázná, az lehet, hogy sok kerülőutat tesz, mire végre megérkezik a saját feladatához, helyéhez, ahol szellemi megbízatásának vagy tehetségének, képességeinek és kvalitásainak megfelelően a leghatékonyabban tud dolgozni.

Most már tudod, hogy Isten csak akkor vezethet téged közvetlenül, ha megvalósítod parancsolatait, és engeded, hogy vezessen. A parancsolatok a Menny örök, kozmikus törvényének kivonatai. Csak az ad törvényszerű irányultságot éltednek, ha azokat meg is valósítod. Csak ekkor tud Isten messzemenően közvetlenül vezetni téged, a Szeretet Szelleme által.

Ha tehát Isten közvetlenül vezethet téged, akkor szakmád hivatás is lehet. A munkahelyeden megfelelően tudsz tevékenykedni és helytállni, esetleg bizonyos kollégákkal letisztázhatsz előző életedből még fennálló dolgokat – az is lehet, hogy befejezhetsz egy előző életben félbehagyott tevékenységet. Szakmáddal egyúttal sok embernek segíthetsz és szolgálhatsz, és így hozzájárulhatsz a világban a közjóhoz.

Ha kiválasztottad a szakmádat, akkor tégy úgy, mint az iskolában: végezd lelkiismeretesen a munkád!

A munka is, amelyet a nap hoz eléd, sokat elmondhat, és örömöt ajándékozhat neked. Légy tudatos és célratörő tevékenységed során. Akármit is teszel, tedd önzetlenül – akkor felebarátod önzetlen szolgálatában állsz. Váljék tudatossá benned, hogy az önzetlenül munkálkodó emberek belső nagyságot mutatnak fel.

Ez persze nem azt jelenti, hogy ne fogadj el fizetséget a munkádért. Az igazságos dolgozót megilleti az igazságos bér.

Ha azonban munkaidőn túli feladatokat vállalsz, vagyis túlórázol, akkor ne mérlegeld, hogy vajon mennyit kapsz majd a többletmunkáért. Már van egy biztos fizetésed, és bizonyára a többletmunkáért is megkapod, ami jár. Azonban ne gondolj folyton arra, hogy mennyi pénzt fogsz kapni. Szoktasd magad arra, hogy mindig adj – anélkül, hogy azt kérdeznéd, mit kapsz cserébe. Ha állandóan a pénzen és az anyagi javakon gondolkodsz, akkor beszűkül a tudatod, és kicsinyessé, szűk látókörűvé válsz.

Törekedj arra, hogy mindig önzetlenül tevékenykedj, anélkül, hogy elismerést várnál el. Akkor is törekedj az önzetlenségre, ha tudod, hogy pénzt vagy egyéb anyagi javakat fogsz kapni. Munka közben ne gondolj mindig csak a fizetségre. Dolgozz önzetlenül, és ne kérdezősködj, hogy vajon kinek mennyi a tennivalója.

Ha így teljesíted kötelességeidet, akkor a bensőben gazdag leszel. Aki a belsőben gazdag, az a külsőben is megkap mindent, amire szüksége van, s még azon felül is. Próbáld ki!

Ha munkaidőd letelte után, a szabadidődben még vállalsz egyéb feladatokat – legyen az a házban, vagy a szántókon, vagy bárhol máshol –, hogy segíts a barátaidnak, szomszédaidnak vagy egy közösségnek, melybe tartozol – ne gondolj rögtön az elismerésre és a fizetségre.

Arra törekedj, hogy minden munkát lelkiismeretesen láss el; akkor nagyon hamar fel fogod ismerni, hogy Isten sokszorosan megjutalmaz téged felebarátaidon keresztül. Minden önzetlen szolgálat egyúttal Isten szolgálata, melyet Ő meg is jutalmaz. De ne mondd azt, hogy „Elvárom, hogy Isten megjutalmazzon." Ne várj el semmit – bízz! Isten nem felejtett el téged.

Mindez nem azt jelenti, hogy nem kell kitanulnod egy szakmát, vagy hogy csak akkor dolgozz, ha arra alkalom adódik! Sajátíts el egy szakmát, és tartsd be a munkaórákat. Munkaadód ezért fizet téged.

Ne becsüld le kollégáidat és az ő munkájukat; tevékenységüket ne tartsd kevésbé értékesnek a tiédnél. Mindenki másmilyen képességekkel és természettel rendelkezik, szellemi érettségének megfelelően. Minden ember úgy teljesíti a munkáját, amilyen a külső vagy belső beállítottsága. Ne azzal foglalkozz, hogy mások milyenek, hanem dolgozz magadon, hogy meg tudd érteni embertársaidat.

A bölcs nem ítélkezik. A bölcs lát és tud. Csak a szellemileg vak ítélkezik, mert nem látja és nem is ismeri önmagát.

Ismerd fel: Aki gondolatban és tettben is tiszteletben tartja felebarátja szabad akaratát, és nem oktat ki, az barátias és jó munkahelyi légkört alakít ki munkatársaival, melyben jól lehet dolgozni. Ehhez tudatosítanod kell magadban újra és újra, hogy minden embernek szabadon kell kibontakoznia.

Véleményedet azonban elmondhatod. Ha a munkában egy s más nem úgy halad, ahogyan az mindenkinek jó lenne, esetleg nézeteltérések támadnának, segíthetsz a tisztázásban. De akaratodat és véleményedet ne kényszerítsd rá senkire.

E világban már éppen elég tudálékos ember van. Pontosan ők azok, akik hozzájárultak ahhoz, hogy ez az anyagi világ nem állhat fönn huzamosabb ideig. Ez a világ el fog múlni – a tudálékosokkal együtt.

E korforduló után feltárul az új világ Krisztusban. Fokozatosan tehát egy új korba térsz, ezért készülj fel rá!

Krisztus új világát nem a tudálékosok fogják kormányozni, hanem az Úr Szelleme – és az emberek testvérek lesznek Krisztusban. Az eljövendő generációk egyre inkább az isteni Törvényeket fogják követni, és *egyetlen* vezetőjük lesz: Krisztus.

Jézus, a Krisztus Békebirodalma létre fog jönni ezen a Földön. Ahogyan Isten örök Birodalmában fennáll az isteni örök Rend, úgy az kibontakozik Isten földi Birodalmában is. Amíg el nem jő ez az új kor, amíg az Élet Ura át nem veszi az uralmat a megtisztított, új Földön, addig a *közösségi rend* van érvényben Isten növekvő földi birodalmában. Ha erről még nem hallottál, akkor szerezd be magadnak a keresztény közösségi rendet, melynek címe: „A pásztor és az Ő nyája."* Abban sok mindennek utánaolvashatsz, ami számodra már ebből a kinyilatkoztatásból ismert, például, hogy hogyan kellene már most viselkedned a munkahelyen és a világban.

---

* Megtalálható a nagy kinyilatkoztatási műben: „Ez az Én Szavam. Alfa és Omega. Jézus Evangéliuma - Krisztus kinyilatkoztatása, melyet időközben az igazi keresztények az egész világon ismernek".

Ismerd fel: Nincsenek véletlenek! Az sem véletlen, hogy kik a munkatársaid, és az sem, hogy ki a főnököd. Nem véletlen továbbá az sem, hogy éppen ebben az üzemben vagy ügyintézési helyen dolgozol, nem pedig máshol. Véletlenek nem léteznek!

Nagyon hamar felismered majd, hogy néhány munkatársaddal bizalomteljes munkakapcsolatban állsz, másokkal szemben ugyanakkor egy fajta távolságot érzel. Mi ennek az oka? Hasonlóan volt ez az egykori tanáraiddal, iskolatársaiddal kapcsolatban is: egy érzés, melynek nem találod az okát. Mégis megszólal benned valami, amikor bizonyos kollégákkal találkozol, beszélgetsz. Noha még egyetlen rossz szó sem hangzott el köztetek, és találkozásaitok, közös munkátok barátságosan zajlik, mégis ott rezeg valami, ami nem hagyja, hogy a bensőtökben közelebb kerüljetek egymáshoz. Mi az?

Ezek *megfelelések*, vagyis olyan erők, melyek ugyan egymáshoz vezettek titeket, azonban gátolják, hogy egységbe jussatok. Megfelelés alatt az ellentétest, az emberit értem, melyet karmának is nevezünk. A karma a lélek terhe.

Tehát a karma vezetett titeket egymáshoz. Azonos azonosat vonz. Az ellentétes újra ellentétest vonz, hasonló vagy azonos rezgésű karmikus erőket.

A pozitív, a törvényszerű pozitív erőket vonz, tehát azokat az embereket, akik azonos pozitív aspektusokban rezegnek. Rögtön megtalálják a közös hangot, közelednek egymáshoz, és barátságot kötnek. Lehet, hogy azok az emberek is igyekeznek közeledni egymáshoz, akik között tisztítanivaló áll fenn, azonban mégsem találják a bensőséges kapcsolatot. Ha veled is ilyen vagy hasonló történik, akkor a megfelelés, a karma – melynek „karja" messzire elér – arra akarja felhívni a figyelmedet, hogy elemezd az úgynevezett ellenszenvet, melyet érzel. Kérdezd meg magad, hogy mi az, ami nem tetszik felebarátodban, esetleg mire vagy irigy. További kérdések lehetnek számodra, hogy mi az, amit helytelenítesz vele kapcsolatban, mi zavar benne, vagy esetleg mivel becsülöd őt le.

Keresd és találd meg a választ és a megoldást saját magadban: Mi rejlik benned? Ha irigy vagy, kérdezd meg magadtól, hogy miért. Miért rosszallod felebarátod gondolkodását és cselekedetét? Miért izgatod fel magad rajta? Vagy ha felebarátod ezt-azt mond vagy tesz, mit, illetve hogyan gondolkodsz arról?

Ilyen és hasonló eseményeknek elgondolkodásra kellene ösztönözniük téged. Felebarátod csak *tükör* számodra. Saját magadban keresd meg azt, amit nála – vagyis saját magadnál is – kifogásolsz. Mert ami felebarátoddal kapcsolatban felzaklat, azonos vagy hasonló van benned!

Kérd a Belső Segítő és Tanácsadó segítségét, hogy felismerd magadon és magadban, hogy mit kell letisztítanod. Nem a felebarátodnak vagy a kollégádnak kell letisztítania azt, ami téged érint, hanem csakis neked! Amit munkatársadnak kell tisztáznia, az csak Istenre és az Ő gyermekére, tehát Istenre és felebarátodra tartozik, nem pedig rád. Ezért tehát saját magadat vizsgáld meg!

Soha ne felejtsd el, hogy mindenkiben sok jó lakozik, noha ez gyakran nem úgy tűnik, mert a belső kincset, a kozmikus drágakövet, a valódi Én-t elfedték a sok emberi gondolattal, kívánsággal és vággyal, gyűlölettel és ellenségeskedéssel. Mindezek ellenére a jó ott van. Hiszen e nélkül az erő nélkül és ennek az erőnek a forrása nélkül az ember nem élne.

Aki képes keresztülpillantani az emberi én szennyén, az minden emberben megtalálja a *„bölcsek kövét"*, a szeretetet, az erőt, az istenit.

Maga Isten, az Örökkévaló ajándékozta magát gyermekeinek és tette őket a végtelenség örököseivé. Az örök Törvény, Isten, a drágakő, az Istenben való élet az öröksége minden szellemlénynek.

Minden tudat. A tiszta lét a legtisztább tudat, ami isteni. Ez az örökség Istenből.

Isten mindörökkön örökké Isten. Ő minden gyermekének atyja és anyja. Az Atya-Anya-Isten ereje minden szellemlényben működik, ez az örökség az élet, az örök Törvény, mely egyenlőséget jelent minden gyermeke számára. Minden szellemlény – akár pozitív, akár negatív princípium, azaz akár férfi, akár női – isteni, egyenjogú és az isteni Törvény hordozója.

A *férfi princípiumban* a férfi, azaz a „pozitív" lényegiségek és tulajdonságok aktívak. Ezek az adó és oltalmazó erők, melyeket „pozitív", vagyis férfi energiáknak neveznek.

A *női princípiumban* a befogadó és őrző erők a hatékonyabbak. Ezeket nevezik „negatív", illetve női energiáknak.

Isten örök Törvényében a pozitív és a negatív erők lényegiség- és tulajdonságenergiák. A pozitív és a negatív elnevezésű szellemi erőknek semmi közük az emberi erkölcsi fogalmakhoz, mint például „jó", „kevésbé jó" vagy akár „rossz", ahogyan ezeket a vetés és aratás törvényében a minősítésre használják. A pozitív és a negatív erők szellemi-isteni pólusok, melyek kiegészítik egymást az energiák áramlásának érdekében.

Az isteni erők – a mindenkori pozitív és negatív pólus – folyamatosan az adás és vételezés kölcsönhatásában állnak egymással. Ebből áramlik az élet összessége a szellemlények, a lelkek, az emberek, az ásványok, a növények, az állatok és az égitestek számára. Az egész Teremtés a polaritáson alapul, az adó és a befogadó, vagyis a pozitív és a negatív princípiumon.

Ezen a két póluson – az adón és a fogadón – keresztül lélegzik az örök Szellem. Ő lélegezteti az örökkévalóságot, így egyre több fény és erő áramlik a végtelenségbe. Az adó és fogadó életből a mennyei világokban további szellemi életformák jönnek létre: a szellemi ásványok, a szellemi növények és állatbirodalmak, a természeti lények és a szellemlények.

Az Istenből való élet így tehát minden emberben is benne van. Ez az isteni tudat, mely az élet minden területét esszenciaként magában hordozza. Ez az emberben lévő drágakő, az örök Törvény, Isten. Ezt a drágakövet a *bölcsek kövének* is nevezik.

Aki emberként teljesen feltárta magában az isteni Tudatot, a bölcsek kövét, az messzemenően Isten törvényében él, és a végtelenség törvényét szóban és tettben emberként is megtestesíti. A bölcsek kövét csak akkor találod meg, ha fokozatosan megvalósítod Isten törvényeit, tehát, ha éled azokat a mindennapokban. A bölcsek kövére – mely a világos tudatod, a benned lévő isteni, a Belső Segítőd és Tanácsadód – csak akkor találsz rá magadban, ha megvalósítod az örök Törvényeket, tehát azok szerint élsz.

Sem az Isten törvényeiről való beszéd, sem bűneid és hibáid felismerése nem vezet a benned lévő bölcsek kövéhez és nem tesz bölccsé, hanem egyes egyedül csak az, ha bűneidet és hibáidat megbánod, letisztázod és azokat többé nem követed el. Akkor lassanként teljesíteni fogod Isten akaratát, és bölccsé válsz.

Gyakorold igenelni a bölcsek kövét, az isteni Tudatot, embertársaidban is. Sok más fogalom is létezik a bölcsek kövére: Nevezheted minden létben és az emberben lévő isteni erőnek és hatalomnak; de nevezheted isteni Tudatnak, örök Igazságnak vagy a Törvénynek is. További kifejezések lehetnek még: drágakő, Isten bölcsessége vagy abszolútum.

Ismerd fel, hogy a szavak önmagukban még nem bölcsesség. A bölcsesség az, ami a szavakban vagy a szavak mögött rejlik. Ebben a mélységben lehet meglátni és meghallani a bölcsességet, a bölcsek kövét. Ezért tanulj meg belehallani az emberek szavaiba, hogy ne csak magukat a szavakat halld.

Ha többé már nem ítélkezel felebarátaid felett, ha nem ítéled el őket, és ha már nem beszélsz róluk törvényellenesen, akkor képes leszel szavaikból kihallani azt, amit nem mondtak ki.

A bölcs befogadja a drágakő fényét, bölcsességét, és ha szükségessé válik, megszólítja

216

személytelenül azt, amit felismert. Ez történhet egy kérdés, ellenkérdés, vagy a törvényszerű válasz által. A személytelen kérdés és válasz önzetlen.

Ismerd fel tehát, hogy a bölcs nem közvetlenül szólítja meg az igazságot, különösen akkor nem, ha olyan emberekkel beszél, akik még a vetés és aratás törvényében élnek és küzdenek, és csak lassanként jutnak el a belső szabadság törvényébe. Noha a bölcs felismeri, hogy miről is van szó valójában, nem szólíthatja azt meg közvetlenül. Kérdések és ellenkérdések segítségével kell *vezetnie* az embereket saját felismeréseikhez.

Láthatod tehát, hogy az isteni Törvény szerint a bölcs nem mondhatja ki közvetlenül az igazságot felebarátjának, melyet annak szavaiban hallott és látott. Amíg embertársai nem az isteni tudatban élnek, és amíg nem Isten Törvényében munkálkodnak, hanem még a vetés és aratás törvényében állnak, addig a bölcs csak kérdések és ellenkérdések által vezeti felismerésre felebarátait. Ezáltal mélyebb tudatrétegeket érint meg, melyek a felebarát számára eddig még nem voltak tudatosak. Ezek azután rezgésbe jönnek, és tartalmuk vagy tartalmuk részei azonnal vagy egy adott időpontban az ember ébertudatába jutnak. Ekkor tudatossá válik számára, hogy a bölcs esetleg már korábban megosztott vele bizonyos dolgokat az igazságból, melyeket ő, az ember csak most tud megérteni.

A bölcs tehát személytelenül szólítja meg embertársait, azonban csak akkor, ha szükség van rá, és ha embertársai felismerésre akarnak jutni. Eközben a bölcs teljesen nyugodt marad, azaz bensőjében nyugszik. A törvénytelenségekkel kapcsolatos felvilágosítások során is belső nyugalmat tanúsít, mely a benne lévő személytelen életet jelzi. A bölcs nem részrehajló és nem ragadják el érzelmei.

Mindebből felismerheted, hogy sok mindent kimondhatsz és megszólíthatsz, ha a munkatársaiddal való találkozáskor összeköttetésben vagy bensőddel, az isteni szeretettel és bölcsességgel. Amit ekkor mondasz, az a bensődből áramlik és messzemenően személytelen. Akárhogyan is reagál erre felebarátod, az nem talál el téged, mert nem a saját énedből beszéltél.

Találd meg tehát a jót embertársaidban és őrizd azt meg magadban, akkor mindig hozzáférhetsz felebarátod bensőjéhez. Ezen a Földön csak akkor lehet félelem nélkül, toleránsan és lelkiismeret-furdalás nélkül élni, ha megvan a belső megértés eme bázisa. Aki saját magával és felebarátjával is igazságos, annak nem kell, hogy rossz lelkiismerete legyen embertársaival szembeni magatartása miatt.

Ha már oly mértékben legyőzted magad, hogy többé nem ítélkezel felebarátaid fölött és nem ítéled el őket, akkor a napok másként jönnek eléd – fényesen és világosan.

Ezután a napok ismételten megmutatják neked, hogy mi az, amit már legyőztél, továbbá örömöt és békét hoznak számodra. Egyúttal azt is megmutatják, hogy a tisztulás melyik fokán állsz, és hogy mi az, amit ma kellene felszámolnod.

Egy példán keresztül szeretném megvilágítani, hogy miként vezethet téged a nap és Belső Segítőd és Tanácsadód: Tegyük fel, hogy találkozol egy jó kinézetű emberrel, akinek külseje megnyerő és ápolt. Elkápráztat téged ez az ember. Rajta pihenteted a szemed és kellemes érzések ébrednek benned. Vajon mi tetszik ebben az emberben?

Ilyen esetben a bölcsességre törekvő – és én téged annak tartalak – a Belső Segítőnek és Tanácsadónak teszi fel a kérdést, hogy mi ejtette ámulatba ezzel az emberrel kapcsolatban. Ha tudatod már oly mértékben feltárt, hogy a Belső Segítő és Tanácsadó válaszát be tudod fogadni, akkor a Szeretet mély óceánjából felemelkednek az élet gyöngyöző cseppjei. A Szellem eme cseppjei ezután megérintenek néhányat az agysejtjeid közül, és egyszer csak megérzed, hogy mi tetszett meg annyira ezen az emberen! Vajon a mozdulatai, ápolt ruházata vagy annak harmonikus színei? Vagy kisugárzása, mely kifejezésre jut mozdulataiban és öltözetében?

A nap és Belső Segítőd és Tanácsadód például így akarja a tudtodra adni, hogy a te benső és külsőd is összhangban van, és rezgéseid annak az embernek a rezgéseihez hasonlítanak, tehát azonos vagy hasonló benned és rajtad is jelen van.

Örülj ennek, mert azáltal, hogy kellemesen érintett a pillantás, és hogy megörültél felebarátod sugárzásának, megmutatták neked, hogy életedben már te is legyőztél néhány dolgot.

Ilyen és hasonló eseményeket hoz és mutat a nap, valamint Belső Segítőd és Tanácsadód. Ezáltal lehetségessé válik számodra, hogy körülbelül felismerd, az élet melyik szellemi fokán állsz: Hogy tudsz-e örülni felebarátod sugárzásának, mert benned is azonos vagy hasonló van, vagy pedig, hogy még ítélkezel, minősítesz és összehasonlítasz.

Maguk a csillagok, a tengerek, a tavak és folyók, a fák, a füvek valamint állatok is kiváltanak „pró és kontra" érzéseket az emberben; tehát mind az önzetlenség és nyugalom érzéseit, mind pedig az érzelmektől túlhevült, romboló magatartást. Az ember csak akkor érzi magában, hogy kommunikációban áll minden életformával, és velük összeköttetésben van Isten egységében, ha már szellemileg megérett. Istennel találkozik minden életformában, és Belső Segítője és Tanácsadója – akinek szüntelenül tudatában van – munkálkodik benne.

Aki megtalálta Belső Segítőjét és Tanácsadóját, Istent, az lelkileg messzemenően eggyé vált Vele. Átvette isteni örökségét, és ettől fogva a bölcsek kincséből, vagyis Istenből, az Életből merít és szól. Ekkor világosabbak és barátságosabbak lesznek az ember napjai. Megéri tehát bölccsé válni!

A bölcsességnek semmi köze sincs a tudáshoz. Eme világ összes könyvének tudását is birtokolhatod, de attól még nem vagy bölcs! A bölcsek kövét, az emberben lévő istenit, valódi önmagadat csak úgy találhatod meg, ha igyekszel az isteni Törvények szerint *élni*.

Megéri ezen fáradozni. Győzd le énedet, még ha fáradsággal is jár!

Ha legyőzted magad, akkor bölcs vagy.

A bölcs emberek *megfontoltak*. Nem hamarkodnak el semmit, nem hoznak meggondolatlan döntéseket. Ez igaz a szakmai életükre nézve is.

Ne arra törekedj, hogy a rendelkezésedre álló valamennyi eszközzel megszerezd a számodra kedvezőbb pozíciót szakmádban. A jobb és magasabb beosztáshoz vezető fokokat ne erőszakkal mászd meg. A célt kitűzheted, hogy mit szeretnél elérni, és ha az Isten akaratában van, akkor meg fog történni. Azonban ne folyamodj tisztességtelen eszközökhöz és módszerekhez. Szavaid és tetteid maradjanak becsületesek.

Ne erőszakolj ki semmit sem az életedben. Tudatosítsd magadban, hogy aki igazságos és becsületes, ahhoz az igazságosság is tér vissza. Isten vezet téged!

Ha úgy kell lennie, hogy szakmádban tekintélyes állást kapj, akkor Belső Segítőd és Tanácsadód azt úgy fogja irányítani.

Mindegy, milyen munkát bíznak rád, törekedj arra, hogy azt lelkiismeretesen és becsületesen végezd.

Kedves nővér, kedves fivér, most sok segítséget kaptál a szeretet Szelleméből. Az isteni Bölcsesség különböző fazettáiból ismételten elmagyaráztam neked azonos és hasonló dolgokat. Ezért fogadd be ezeket az ismétléseket is!

Tudd, hogy mindezek a segítségek és tanácsok az isteni bölcsességből származnak. Ha ezeket a segítségeket és tanácsokat elfogadod és megvalósítod, akkor bölccsé válsz.

A valódi bölcs figyelembe veszi a földi törvényeket, amíg azok összhangban vannak a szellemi törvényekkel. Polgára vagy ennek a világnak, de egyúttal a Szellem adottságaival is fel vagy ruházva. Ezért a Szellem erejéből bölcsen fogod mérlegelni, hogy hogyan vedd figyelembe ennek a világnak a törvényeit úgy, hogy közben Isten Törvényeit is tiszteletben tartsd.

Ha a bölccsé válás útját járod – ami azt jelenti, hogy feltárod magadban Isten bölcsességét – akkor olyan emberré válsz, aki lát és hall. Ez azt jelenti, hogy keresztüllátsz az emberen, és látod, ami ő valójában, és nem pedig, amilyennek mutatkozik. Hallod, amit nem mond ki, vagyis azt, ami a szavak mögött rejlik; és hallod, ami a kimondottakból kicseng, tehát ami kimondatlanul ott rezeg a szavakban.

Aki néz, az csupán a külsőt szemléli. Aki azonban *lát*, az a mélységekbe tekint, abba, ami nem mondható ki.

Aki hallgatózik, annak a füle csak a szóra tapad. Aki *hall*, az mélyebbre hall, bele a szóba.

Aki megtanult látni és hallani, az többé már nem fogja ítélni és elítélni az embereket, hiszen ismeri őket.

A valódi bölcset semmilyen szemfényvesztés nem vezeti félre, mert megtanult látni és hallani. Ezért nem is fektet nagy hangsúlyt arra, hogy felebarátja milyennek mutatkozik, hogy kívülről milyennek tűnik megjelenése, beszéde, mimikája.

A bölcs csendes: Belelát embertársaiba és belehall szavaikba.

Azok az emberek, akik szellemileg növekednek és érnek, nem növelik a már meglévő megterheléseiket. Folytonosan figyelnek arra, hogy a még fennálló emberi tulajdonságaikat legyőzzék, és a felismert megfeleléseiket többé ne tegyék, hogy azok ne sokszorozódjanak. Aki a Szellemben növekszik, az éber és nem hagyja, hogy megfelelései uralják.

Kedves fivér, kedves nővér, ha látószerved valami külsőt észlel, tehát néz, akkor fordulj a bensőd felé, és tanulj látni! Ha hallószerved még ki szeretne valamit fülelni, akkor fordulj bensődbe, és tanulj hallani!

Ha földi életed során éber vagy, akkor a benned még meglévő megfeleléseket időben fel fogod ismerni, és Krisztussal átalakítod azt, ami esetleg problémákhoz vagy akár sorscsapásokhoz vezethetne.

Aki megtanulta bizalommal átadni magát a Belső Segítőnek és Tanácsadónak, Isten Szellemének, azt minden életkérdésben törvényszerű tanáccsal látják el és törvényszerűen is vezetik. Ez minden helyzetre érvényes – a szakmában, a párkapcsolatban és minden más tevékenységben is, függetlenül attól, hogy milyen események érnek.

Aki ismeri belső értékeit, az felebarátja belső értékeit is felismeri.

Az élettárs kiválasztása – Kritériumok: külső vagy belső értékek – Feladatok az együttélés során – Mi vonz? Mire törekszel?

Én, Liobani az igazságnak most egy másik fazettáján keresztül világítom meg a társválasztást.

Időközben megtanultad, hogy ne csak a külsőre tekints – még ha a nő csinos is vagy a férfinak jó munkája is van, és tudja, hogyan viselkedjen társaságban – te mélyebbre látsz.

Ha elérted az érettséget, és felébred benned az élettárs utáni vágy, akkor erről kérdezd meg Belső Segítődet és Tanácsadódat.

Bizonyára szereztél már tapasztalatokat a pubertásban a másik nemmel kapcsolatban. Mégis lehetséges, hogy az élettárs utáni vágy először még ahhoz az emberhez vezet, akivel a vetés és aratás törvényében egyet s mást előbb le kell tisztítanod.

Tegyük fel, hogy találkozol egy fiatallal, aki tetszik neked, és akit vonzónak találsz. Kérdezd önmagad, hogy mi az, ami vonz!

Én, Liobani már megemlítettem néhány kritériumot, melyek segítenek felismerni, hogy a vonzódás hátterében még megfelelések húzódnak, tehát egy karma, vagy annak az embernek a belső értékei képezik a vonzerőt, miáltal a te belső értékeiddel összekapcsolódnak. A szabad akarat törvénye szerint ezen kívül melletted áll Belső Segítőd és Tanácsadód is, hogy megtaláld az utat a szabad döntéshez.

Ha nem akarod megerősíteni vagy akár megnövelni a karmádat, akkor vedd figyelembe a következőket: Ha karmikus kötelékek mutatkoznak, azokat nem muszáj mindenképpen a legszorosabb módon, párkapcsolatban megoldanod. Ez csak akkor elkerülhetetlen, ha súlyos okok, azaz titeket egymáshoz kötő lélekterhek álnak fenn, melyek csak ily módon, tehát házas- vagy élettársi kapcsolatban oldhatók fel.

Sok más karmikus szál feloldható a belső értékekre épülő házas- vagy élettársi kapcsolatban, vagy a jó, őszinte barátságban. Ezért vizsgáld meg saját magadat! Vizsgáld meg érzéseidet, gondolataidat és érzékeidet!

Karmikus szálakra utaló külső jelek lehetnek a következők is:

Ha az ember, akit választanál, előtérbe helyezi, vagyis mutogatja külső jegyeit, és így kínálja bájait és tulajdonságait, akkor mindez általában csak arra szolgál, hogy behálózzon. Figyeld meg az öltözködést. Milyen a ruházata annak, akit ki szeretnél választani: tiszta vagy piszkos? Milyen színűek a ruhái? Rikítóak, diszharmonikusak vagy puha, egymással összhangban lévő színvilágúak? A cipő is sok mindent elárul, akárcsak az is, ahogyan az ember jár, ahogyan mozog. Beszéde, étkezési és ivási szokásai, hogy pontos-e vagy sem, mindez ugyancsak megmutatja, hogy ki ő. Csak a tudatlan tekint a külsőre és hagyja, hogy az becsapja.

A bölcs nézi, látja és felismeri azt, amit nem ismer és nem tud az, aki magát a bölcs előtt mutogatta.

A jó együttélés kritériuma a *kötelességtudat* is. Isten szellemében a kötelességtudat azt jelenti, hogy minden feladatot, melyet az ember elvállalt, a többi emberhez és magához a dologhoz hűen és lelkiismeretesen kellene teljesíteni.

A házas- vagy élettársi kapcsolatban élő embereknek is kötelességtudatosaknak kellene lenniük. A férfinak és a nőnek is vannak kötelességei a házas- vagy élettársi kapcsolatban, melyeket, ha kötelességtudatból teljesítenek, akkor az önzetlenség szeretetadományává válnak.

Minden feladat és tevékenység lehet egy darab önzetlenség, ha azt a Belső Segítővel és Tanácsadóval kötelességtudattal végzik. A férfi szeretetből jövő kötelessége, hogy gondoskodjon a nőről, hogy oltalmazza és őrizze szívében.

Ha a férfi szívébe fogadta a nőt és a nő is a férfit, akkor a hűség is szavatolt. Akinek érzékei hűek, annak hűek gondolatai, szavai és cselekedetei is.

A hűségből nő a belső szeretet, ha a férfi és a nő is önzetlen szeretettel fordul egymáshoz.

A férfinak az is szeretetteljes kötelessége, hogy gondoskodjon gyermekeiről. Az apának és az anyának is arra kellene törekednie, hogy gyermekeik becsületes, jóságos és kötelességtudatos emberekké váljanak, akikben meg lehet bízni. A nő és anya feladata, hogy megőrizze a családot, és hogy a családi életet barátságossá és kellemessé tegye. A nő szívből jövő kötelessége, hogy megőrizze, amit a férfi hoz, és hogy óvja azt, ami összetartja a családot. A nő *a házi tűzhely őrzője*, azonban nem egy szürke „háztartási alkalmazott".

A „családi tűzhely őrzője" kifejezés azt jelenti, hogy óvja a család közösségi életét, és igyekszik feladatának tekinteni, hogy a lakást vagy házat olyan hellyé alakítsa, melyben a férje és a gyerekek jól érzik magukat. A nő tehát nem a szürke asszony, aki állandóan csak főz, mos, takarít és ellátja a gyerekeket.

Ő mindenekelőtt nő és anya, azonban a családon kívül is elláthat néhány órában szakmai kötelességeket vagy olyan tevékenységet, mely megfelel mentalitásának és jelenlegi tudatának.

Az Úr közösségeiben léteznek lakóközösségek és Apa-Anya-házak, ezért nem szükséges, hogy a nők mindig csupán otthon tartózkodjanak.

A *lakóközösség* tagjai váltják egymást a közösség szolgálatában. Ezáltal mindenkinek egy adott időben teljesítenie kell lakóközösségi kötelességeit. A váltakozó szolgálat révén, szabad órák is rendelkezésre állnak.

Az *Apa-Anya-házak* nagy lakóközösségek gyermekek számára, melyekben egy vagy két nevelőanya szeretettel törődik velük, hogy semmiben sem szenvedjenek hiányt.

Ha erről többet szeretnél tudni, akkor olvasd el Jézus, a Krisztus Békebirodalmának közösségi rendjét, melynek címe „A Pásztor és az Ő nyája"* vagy a következő két könyvet: „Liobani: Mesélek – meghallgatod?" és „Liobani: Tanácsot adok – elfogadod?"

Kedves fivér, kedves nővér, most már van néhány támpontod, melyek segítségével olyan társat választhatsz, aki megfelel belső értékeidnek.

Hallottad, hogy az azonos erők vonzzák egymást. Most rajtad múlik, hogy mely erőket aktivizálod magadban. Ezek az erők azután mágnesekként hatnak a társkeresésben. Vagy a belső

---

* Megtalálható a nagy kinyilatkoztatási műben: „Ez az Én Szavam. Alfa és Omega. Jézus Evangéliuma - Krisztus kinyilatkoztatása, melyet időközben az igazi keresztények az egész világon ismernek".

értékeket, a szellemi erőket vonzzák, vagy csak a külsőket.

Ha az aktív belső értékeid összeköttetésbe lépnek a felebarátodéival, akkor *kapcsolat* jön létre köztetek. Ha te azonban a külső jegyeidet, az érzéki energiákat és ingereket aktivizálod, akkor azok a társ külső tulajdonságaival kapcsolódnak össze, és azokhoz fognak téged *kötni*.

Hogy milyen társat vonzol magadhoz, az függ a beállítottságodtól és attól, hogy milyen mértékben bontakoztattad ki szellemi tudatodat.

A jó – ami jó a földi élethez, és ami maradandó – belülről jön.

Amire csak a külsőben törekednek, az is tűnhet jónak; azonban rövid időn belül összeomolhat – vagy olyan helyzet alakulhat ki, melyben a felek kölcsönösen megtűrik egymást, és nem együtt élnek, hanem csak egymás mellett. Az embereket a kényelem is vezetheti egymáshoz, ami egy idő után gyötrelmessé válhat. Mégpedig akkor, mikor már egyiküknek sincs semmi mondanivalója a másiknak, és már csupán egymás mellett élnek. A külső kritériumok kötődéshez vezetnek. Ezzel szemben a belső értékek az önzetlen szeretet táptalaját képezik, az egymással való életet, a kapcsolatot. Ahol kapcsolat van, ott szellemi növekedés is van. Ahol pedig kötődések uralkodnak, ott stagnálás jön létre, és nehézségek keletkeznek.

**Házas- és élettársi kapcsolat: szövetség Istennel
– Az élettársak írásos esküje – A szellemi-erkölcsi
alapelvek a jó házas- és élettársi kapcsolathoz –
Harmónia a bensőben és a külsőben**

Élettársat választottál magadnak. Ha házasságotokat Istenben szeretnétek megkötni, akkor forduljatok mindketten bensőtök felé. Lépjetek Isten Szelleme elé bensőtök szentélyében, és kérjétek áldását földi életutatokhoz.

Isten, mennyei Atyánk az emberek szívébe lát. Számára lényegtelen, hogy házasságotokat az úgynevezett anyakönyvi hivatalban pecsételitek-e meg, vagy, hogy az élettársi kapcsolatot választjátok, a kettőtök közti szövetséget Istennel, anélkül, hogy elmennétek a hivatalba.

Isten előtt a házas- vagy élettársi viszony egy kapcsolat. Aki Isten áldását kéri, az Isten előtt köti meg a kapcsolatot, és Istennel lép *szövetségre* földi életében. Ha az Ő áldását és vezetését kérjük, akkor az maga a Vele való szövetség. Ekkor a társak közti kötelék összekapcsolja őket Istennel. Aki Isten áldását kéri, az azt jelenti, hogy Isten előtt szeretetet és hűséget esküdött felebarátjának. Az Isten iránti hűség és szeretet egyúttal az élettárs iránti hűség és szeretet is.

Ha a társak a közösségüket a benső szentélyben, Isten, a Mindenható előtt kötik meg, akkor ez egy megszentelt lépés a közös életbe. A nőnek és a férfinak is ennek tudatában kell lennie.

Aki Istent kéri, annak adatik. Isten minden embernek ad és segít, aki Őt kéri, és aki betartja parancsolatait.

Aki a házas- vagy élettársi kapcsolatban is újra és újra vétkezik a parancsolatok ellen, az megszakítja az Istennel való szövetséget. Aki házas- vagy élettársi kapcsolatát tisztán anyagi vagy szexuális okokból bontja fel, az elutasítja Isten segítségét.

Ez azonban nem jelenti azt, hogy a házas- vagy élettársi kapcsolat felbomlása minden esetben az örök Törvény ellen való. A külső elválás akkor következhet be, ha az egyik fél magasabb eszmékre és értékekre törekszik, a másik viszont a világban szeretné kiélni kívánságait. A válásnak azonban csak akkor kellene megtörténnie, ha a világot előnyben részesítő társ zavartatva érzi magát a másik fél döntése által, és az együttélést már nem tartja lehetségesnek. Ha egy házas- vagy élettársi kapcsolatot a külsőben felbontanak, akkor annak hátterében nyomós okoknak kell húzódniuk.

A külső válásnak azonban nem veszekedéssel kellene megtörténnie, hanem egyetértéssel. A különböző döntések ellenére is egymással jóindulatúnak kellene lenniük és maradniuk, és nem lenne szabad elzárkózniuk a segítségnyújtás elől, ha a másiknak szüksége van arra és kéri.

Aki a magasabb erkölcs felé vezető utat járja, annak már nem szabad pusztán világi szempontok szerint beleszeretnie valakibe. Ha újra élettársat választ, akkor a magas erkölcsi kritériumokat kellene követnie, melyek így hangzanak: Szeress önzetlenül, és ügyelj felebarátod belső értékeire. Találkozásotok első percétől fogva törekedj az őszinteségre és a kölcsönös bizalomra!

Ha újra élettársat választasz, akkor a testi egyesülés iránti vágynak vissza kellene lépnie. Kapcsolatotokat a szellemi barátságra vagy a szellemi élettársi viszonyra kellene építenetek: a belső szeretetre és az Istennel és a felebaráttal való közösségre.

Az igazi *kapcsolat* nem ismer szexuális *igényeket*. Az a szeretet, mely a testi egyesülésben jut kifejezésre, nem a testi vágyak kiélését jelenti, hanem azt, hogy kölcsönösen magukat ajándékozzák egymásnak.

A *szellemi élettársi kapcsolatban* nem a szexualitást gyakorolják, hanem a testiséget nemesítik. Ekkor a testi egyesülés egy fajta találkozás, nem pedig sóvárgás. Ha két ember szereti egymást és mindketten Istenre irányultak, akkor a bensőjükből közeledve találkoznak egymással. Ha ezután testi kapcsolat jön létre, annak ellenére is Isten áll a középpontban: Isten szeretetének jelenlétét érzik majd, és önzetlenül szeretik egymást, nem pedig testi vágyaikat élik ki egymáson.

Ha a házas- vagy élettársi kapcsolat középpontjában Isten áll, akkor a testi kapcsolat egyre ritkábbá válik, fokozatosan feloldódik az egymás és az Isten iránti tiszta, önzetlen szeretetben.

Ahol tehát Isten a középpont, ott a házas- vagy élettársi kapcsolatok mély, bensőséges életközösségekké válnak, melyben Isten, mennyei Atyánk a központi élet. Ekkor a társak igyekeznek betartani Isten Törvényeit, és az önzetlen szeretetből szeretik egymást, amely soha el nem múlik.

Ha tehát élettársaddal a szövetséget Istennel kötitek, akkor kölcsönösen hűséget, szeretetet és bizalmat kellene fogadnotok egymásnak.

Kedves nővér, kedves fivér, ha a későbbiek folyamán a hétköznapok egyformasága költözik be az ember gondolataiba és életébe, akkor előfordulhat, hogy a boldog érzéseket és fogadalmakat, melyeket a társak közös életük kezdetén túlcsorduló örömükben tettek, elfelejtik.

Hogy minderre ismételten emlékeztessék és figyelmeztessék magukat, az élettársaknak *írásban* is rögzíteniük kellene *fogadalmaikat*. Ez az irat tartalmazhatja, hogy mit fogadott Isten előtt a férfi a nőnek, és a nő a férfinak.

Érdemes lenne rögzíteni a szeretetnek a házas- és élettársi kapcsolatra és a közös földi életre vonatkozó kölcsönös parancsolatait is – mint például hűség, őszinteség, kölcsönös segítség és önzetlen szeretet. Az iratba bele kellene foglalni az egymásnak tett további fogadalmakat is.

Azt is le kellene írni, hogy a társak hogyan képzelik el gyermekeik nevelését, tehát rögzíteni, hogy a gyermekért vagy gyermekekért ki, milyen szívből jövő kötelességeket szeretne vállalni. Ajánlatos, hogy az irat szabályozza a mindennapi munkamegosztást, és azt, hogyan oszlanak meg a háztartásbeli kötelességek.

Általánosan szólva a fogadalmakat tartalmazó írásnak magában kellene foglalnia a hétköznapokra és az egész közös életre vonatkozó terveket.

Aki fogadalmaihoz hű marad, az felismeri az esküiratban vezérfonalként az alapgondolatot: az egymással és az egymásért való életet minden helyzetben. Aki a házas- vagy élettársi kapcsolatában tett fogadalmaihoz Isten előtt hű marad, az belső örömre, biztonságra, világosságra és a társával és Istennel egyre mélyülő szellemi kapcsolatra tesz szert – valamint ezeken felül még őszinteségre és önzetlen szeretetre minden ember iránt.

Aki írásos fogadalmát a házas- vagy élettársi kapcsolatra vonatkozó isteni Törvények értelmében fogalmazza meg és azokhoz hű marad, az sok szenvedéstől kíméli meg magát szellemi fejlődésének útján. Ugyan felismer karmikus szálakat, de azokat már nem szövögeti tovább. A karmikus szálat, melynek rezgései adott esetben egy másik emberhez húznak, aki a férfinak vagy a nőnek megtetszik, a *barátság* által is fel lehet oldani, attól függően, hogy mi áll fenn.

Aki tartja magát fogadalmaihoz, az Istennel és társával kötött szövetséghez, az nem fog felépíteni egy esteleges karmát, amely egy másik férfi vagy nő személyében megkörnyékezi. Nem esik szerelembe, és nem is fog a szerelemből kifolyólag olyasmit tenni, ami bizonyos körülmények között egy még meglevő megfelelést megnagyobbítana – ami azután kötődéssé válna a következő földi élet számára.

A leírt eskü pecsét is lehet a közös földi élethez: Minden alkalommal, amikor a hétköznapok nehézségeket hoznak, mindkét félnek a pecsét mögé kellene pillantania, az iratba, hogy újra arra irányuljanak, amit mindketten megígértek Istennek, az ő Uruknak és Atyjuknak.

Aki minden nehéz helyzetben újra tudatosítja magában társának belső értékeit, az a belső szeretet erejével képes lesz megakadályozni jó néhány kezdődő összetűzést. Ez történhet egy őszinte beszélgetés vagy egy szeretetteli gesztus által, mely kifejezi a jóakaratot.

Kedves fivér, kedves nővér, bármit is hozzon számodra vagy társad számára a földi élet, soha ne hanyagold el sem a bensőd, sem a külsőd.

Legbelül minden lélek vágyik a szépségre, a ragyogásra, a tisztaságra és a magasztosságra, és a külsőben is szeretné kifejezni benső lényét.

A szellemi-erkölcsi törvények tartalma a belső szeretet, amelyet a Menny minden szellemlénye megtestesít. A szellemi-erkölcsi törvények magukba foglalják a szépséget, a kecsességet, az arányosságot, a szelídséget, a jóságot, a komolyságot, a világosságot, az őszinteséget és az abszolút önzetlenséget. A szellemi-erkölcsi törvények örök harmóniaként, magasztosságként, a kozmikus erők összhangjaként vannak jelen minden szellemi érzésben.

Minden szellemlény maga az Abszolút Törvény. A szellemlények a bőségben élnek és nincsenek elvárásaik. Önmagukban nyugszanak. Ez az emberben lévő felébredt lélek mély vágya, és igyekszik minden alkalmat megragadni, hogy az emberhez – melyben lakik – közel hozza ezeket a magasztos, örök szellemi-erkölcsi élettörvényeket. A tisztaságra és tökéletességre törekvő lélek harmóniát, magasztosságot és szépséget szeretne kisugározni, és az emberen keresztül kifejezésre juttatni.

Kedves nővér, ezért tehát sose légy hanyag, sem gondolataidban, sem öltözködésedben, sem pedig a lakásban!

Igyekezz nemes, azaz önzetlen gondolatokat ápolni, és azokat megőrizni. Küzdj, ha az emberi, tehát a kicsinyes le akar győzni.

Aki tehát nemes, azaz mély, isteni gondolatokban él, az soha nem hanyagolja el öltözködését és lakhelyét. Ez persze nem jelenti azt, hogy olyan ruhákat kellene vásárolnod, melyek túllépik anyagi lehetőségeid határát, vagy, hogy akár pompában és luxusban kellene élned. Tudd, hogy minden, ami túlzott, az nem szolgálja felébredt lelked magasztosságát. Éppen ellenkezőleg: A pompa és a luxus tompává és szomorúvá teszi a lelket. Csak a sötét akasztgatja tele magát aranynyal és drágakövekkel, és érzi magát jól a luxusban és pompában, mert szűkében van a belső fénynek.

Aki azonban Isten kertjévé változtatta lelkét, az belülről sugárzik. Ennek megfelelően harmonikusan és tisztán öltözködik, valamint ennek megfelelően gondozza lakhelyét is. A harmonikus, tiszta ruha, melynek színei megfelelnek világos gondolkodásodnak és életednek, elragadó teremtéssé tesznek téged. Egy finom ékszerrel kiemelheted sugárzó bensődet, lényed harmonikus vonásait és a benső bájt.

Ha szavaid is zenévé és szimfóniává váltak – mert betölti őket az önzetlenség – akkor sugárzó egységes egész vagy, amely sok beszéd nélkül is képes örömet szerezni felebarátjának.

Tudd, hogy ahogyan az ember gondolkodik, úgy is sugárzik. Aki nem nyugszik magában, annak nincsenek nemes, Istennel telt gondolatai. Ennek megfelelő az öltözködése és lakása is, és ilyennek mutatkozik környezete számára is.

Kedves nővér, ha gyarapítod bensőd szépségét és báját, akkor minden törvényellenesben is meg fogod találni a pozitívat, melyet meg is szólítasz. Férjed továbbra is szeretni és becsülni fog, mert ahogy a bensődet kifejezésre juttatod, az újra és újra megérinti őt.

Az ember értékeiben mindig benső ereje és erőssége jut kifejezésre.

Ne hanyagolja el magát a férj sem soha – se külsejét, se bensőjét. A benső harmónia a külsőben is harmóniát eredményez, ami kifejezésre jut az emberben, az emberen és a világban is. Ezért a sugárzó férfi lélek, a szellemi pozitív princípium – csakúgy, mint a női lélek, a szellemi negatív princípium is – soha nem öltözködik feltűnően. A színek és a formák nem kirívóak, hanem illenek egymáshoz.

A szellemi férfi lelkülete őszinte és nyitott. Erőt és oltalmat, azaz biztonságot sugároz ki. Szavai világosak és kiegyensúlyozottak. Amit mond, az jelentős. Figyelmes és együttérző. Sosem beszél túl sokat, és nem mond semmi lényegtelent. Ezáltal belső biztonságot és szellemi függetlenséget sugároz ki. Mivel lénye tisztességes, ezért járása is egyenes.

Az istenihez vezető úton járó férfi igyekszik tudatosan Istenben élni és Isten törvényeiből beszélni. Ez az a férfi, aki a tökéletesség felé vándorol. Nem kacérkodik más nőkkel és dolgokkal. Tekintete tiszta és bizalomkeltő. Olyanoknak látja a dolgokat, amilyenek, nem pedig, amilyennek látszanak; és e szerint is bánik velük.

Szeretetre méltó, de nem hízeleg.

Tetterős és igazságos mindenben, amit véghezvisz. Igazságosságot gyakorol a jog előtt, ami azt jeleni, hogy az isteni Törvényt, az igazságosságot előnyben részesíti világi jogaival szemben. Ily módon az igazságosság gyakorlásával a földi jog is megvédi ott, ahol az jó neki és embertársainak. Amikor emberekről van szó, akkor alapvetően igazságosságot gyakorol a joggal szemben. De a nyilvános ügyekben, melyekben az intézkedése nem egyes emberek ellen irányul, az igazságosság erejével kiáll jogaiért, melyek a jogállam polgáraként megilletik őt.

Meghagyja minden ember szabad akaratát, és nem is nyom el senkit. Azonban a dolgokat kertelés nélkül szólítja meg, és nyíltan tisztáz a törvény szerint.

Hű élettársa feleségének, akit óv és megbecsül. Újra és újra megörül feleségének, mikor annak felébredt lelke kifejezésre jut a nemes gondolatokban, az önzetlenségben és lényének bájos mivoltában, szóban és cselekedetben, az öltözködésben és a lakásban.

A nő pedig örüljön férje férfias tulajdonságainak, külsejének, tartásának és becsületességének, melyeket kiemel a jó és harmonikus öltözet.

Kedves nővér, kedves fivér, ismerd fel, hogy a természet újra és újra fenséges színeket és formákat ajándékoz. Ezért a férfiaknak és a nőknek is – Isten képmásaiként – harmonikusan kellene beilleszkedniük a természetbe, sugárzó bensőjük, ruházatuk, mozdulataik és gesztusaik által.

A külsőben megmutatkozik a belső: lakás és öltözet – A Menny abszolút volta – Minden anyagi relatív és mulandó – Mindenkinek szüksége van egy saját kis birodalomra – Előretekintés a felnőtté ért fiataloknak: A kör bezárul – Ahogy a Mennyben, hasonlóképpen a Földön: Nagycsaládok a Békebirodalomban

Ahogyan gondolkodsz és beszélsz, ahogyan öltözködsz és laksz, megmutatja, hogy ki vagy mi uralkodik benned.

Ha ruháid piszkosak, és rikító, egymáshoz nem illő színeket hordasz, akkor lakásod is bizonyára tarkabarka és rendetlen.

Frizurád és cipőid is elárulják, hogy ki vagy, és hogyan laksz. Ha hajad kócos, vagy ha hagyod, hogy ápolatlanul vagy zsírosan lógjon a válladra, akkor valószínűleg bensődben is nagy összeviszszaság van és ennek megfelelően lakásodban is sok minden szanaszét hever. Bizonyára ruhás- és fehérneműs szekrényedben is rendetlenség uralkodik.

A letaposott sarkú cipők ugyancsak belső és külső rendetlenségre utalnak – valamint ingadozó jellemre.

Amilyen te magad vagy, olyan a bensőd, a külsőd, a lakásod és házad. Ahogyan a külsőben mutatkozol, és ahogyan embertársaidhoz viszonyulsz, hasonlóan néz ki a bensőd is, a lelked. Ha lelked beárnyékolt, ha sötét van benned, akkor komor érzéseid és gondolataid is vannak.

Érzéseidnek és gondolataidnak megfelelően öltözködsz és viselkedsz, és lakásod vagy házad állapota is ennek megfelelő. Ha egy felebarátodnál laksz, aki kitakarít és rendet teremt számodra – és világos tapétát és bútorokat választ –, akkor ez az ő tudata, tehát az ő sugárzása, nem pedig a tiéd, akkor sem, ha ott laksz.

A világos lélek harmonikus, egymással összhangban lévő, világos színekkel alakítja ki otthonát – a szerint, ahogy az ember, akinek szellemisége kifelé sugárzik, mennyit változott Isten erejében és szeretetében. A világos ember lakása fénnyel teli és barátságos.

Néhány csinos tartozék, azaz kisebb vagy nagyobb tárgyak, mint például szép, de nem feltétlenül drága képek vagy festmények, dekoratív vázák és gyertyatartók meghitté varázsolják a lakást. Gondolkodj el a következőkön: A színek és a formák életet hoznak a lakásba és a házba. Felismered tehát, hogy a belső, szellemi sugárzás sok mindent képes átvarázsolni az ember otthonában.

A világos lélek nem vágyik eme világ pompájára és vagyonára, mert benne van Isten bősége. Tudja, hogy amíg földi ruhában van, addig minden relatív. Tiszta szellemlényként majd újra a mennyei színekben és formákban fog élni, melyek abszolútak, és a szellemlény lényegiségéhez teljes mértékben illenek.

Tudd, hogy az isteni birodalomban minden abszolút. Az abszolút azt jelenti, hogy tökéletes – hogy nincs hiba, sem hiány semmiben. Ami ott rád vár, az isteni, tehát abszolút.

Ez nyilatkozik meg a tiszta, isteni lényedben, szellemi öltözetedben, a szellemi építményekben, mindenben, ami az isteniben körülvesz téged. Ez a tökéletesség.

A szellemlények lakhelyei is abszolútak. Öltözetük és lakhelyük isteni mivoltuk és mentalitásuk kifejeződése – amik ők maguk.

Valódi önvalójuk isteni lényük jellegét képezi, valamint mindannak kifejeződése, ami őket körülveszi. Akárhol járnak vagy tartózkodnak, megtestesítik lényük jellegét, örök önvalójukat, isteni mivoltukat.

Lehetséges, hogy nehézséged van az „önvaló" és a „lényük jellege" szavak megértésével. Az *„önvaló"* alatt az isteni lényt kell érteni, aki nem függ sem más szellemlényektől, sem Istentől.

A szellemlény a mindenség összes erőit esszenciaként birtokolja szellemi testében. A mindenség

244

összes ereje szolgálja őt. Ha megszólítja a magában lévő örök erőket, akkor azok aktívvá válnak szellemtestében és egyúttal az univerzumban is. Tehát a szellemi testben megszólított egyetemes erő azonnal kommunikációba lép a mindenségben lévő megszólított erőkkel.

A szellemlény minden mindenben: ő az önvaló, az erő az erőben és a mindenség a mindenségben.

A szellemlény mentalitását, *lényének jellegét* az a mennyei sík határozza meg, melyben a szellemlény első megformálása történt. A szellemi test a mennyei ásványok, növények, állatok és természeti lények fokozatain keresztül épül fel. A mentalitást kialakító erők – melyek az evolúciós folyamat során épültek ki, az első szellemi atomtól kezdve egészen a természeti lényig – felerősödnek, amikor a természeti lény Isten gyermekségéhez emeltetik. Ezek a szellemi jellemvonások és az azokból eredő képességek és alkalmasság.

Tudd, hogy az örök, mennyei hazában nem „szabványosítják" a szellemlényeket: Egyetlen szellemlény sem hasonlít a másikhoz. Minden egyes szellemlény mentalitása más-más fazettán keresztül csillog. Az isteni lények, a szellemlények épp oly egyetemesek, mint az örök isteni Törvény.

Ha egy szellemlény például az isteni Rend sok jellemvonását hordozza magában, akkor isteni lakhelye is a rend egyik mennyei síkjában van. A hét alapsík mindegyike megtalálható alterületként a többiben. Így a Rend síkja például az összes többi síkban is megtalálható, mint alterület.

A szellemlény a fényerőnek – mely lényének jellegét képezi – megfelelően öltözködik, alakítja otthonát és tevékeny a végtelenségben. Ezért egyetlen mennyei sík és egyetlen otthont adó bolygó sem hasonlít egy másikra.

Az isteni lények által lakott szellemi bolygók sugárzásukban és külső formájukban – úgy is mondhatnánk, hogy a természet kialakításában és a tájrendezésben – megfelelnek a mindenkori mennyei síknak; ez a mennyei sík lehet a Rend, az Akarat, a Bölcsesség a Komolyság, a Türelem, a Szeretet vagy az Irgalmasság. Amint azt a kinyilatkozásokból már tudni lehet, mindegyik alapsík – más szóval mennyei szféra – megtalálható a hét Alap-Menny mindegyikében.

Minden lét központja, mennyei *Atya-Anya-Istenünk Szentélye* a legmagasabb sugárzás. Ez egyedülálló kialakítású, és teljesen más, mint a hétszer hét mennyei sík, melyek a Szentély körül, az Atya-Isten székhelye körül keringenek.

Amikor Isten, a mi Atyánk Szentélyéről beszélek, akkor az örök, aranysugarakban fürdő városra, Jeruzsálemre gondolok, az univerzum központjára.

Tudd, hogy a Föld anyag, és egy kis pont az univerzumban. Külseje, formája – mint ahogyan az ember fejlődési állapota is visszatükröződik öltözetében és lakásában – csak gyenge visszfénye az örök hazának.

Ezért minden, ami anyagi – a földi élet és minden, ami a Földön teremtetett – csak relatív és sohasem abszolút. Minden, ami relatív, alá van rendelve a folytonos átalakulásnak, és ezért múlandó.

A világ – és ez alatt azt értem, ami a Földön zajlik – a világos vagy beárnyékolt lelkek állapotának, és így az egyes emberek mindenkori érzésének és gondolkodásának felel meg. Ezért változik állandóan az öltözködés, a hajviselet, a cipők, a mód, ahogyan lakunk, a lakhelyek és épületek belső kialakítása.

Minden, ami a Földön történik, megfelel az emberek evolúciós állapotának. Az evolúció fejlődést jelent. Aki szellemben fejlődik, az emberként belülről kifelé változik. Ahogyan az ember érzései, gondolatai, szavai és cselekedetei változnak – mind pozitív irányba, a magasabb erkölcs és etika felé, mind negatív irányba, egészen az erkölcstelenségig – úgy változik mindennek megfelelően ruházata és lakásának vagy házának berendezése is.

Ha a lélek beárnyékolja magát, akkor az ember hanyaggá válik külső dolgaiban, vagy teleaggatja magát mindenféle drágasággal; illetve ennek megfelelően rendezi be lakását vagy házát is. Ha nagy vagyonnal rendelkezik, akkor bizonyos körülmények között – aszerint, hogy hogyan és mivel terhelte meg lelkét – pompába öltözteti lakását, vagy luxuskörnyezetet teremt házában.

Ha azonban egy anyagi javakban gazdag ember lelkéből – aki vagyonát saját tulajdonának tekinti – előtör a belső szegénység, akkor lelki világa olyan, mint egy pocsolya, és ezt is sugározza ki. Ezután a külsőben is ebben él és mozog. A külsőben még birtokolt vagyonához görcsösen ragaszkodik, és hasonló a fuldokló emberhez, aki egy szalmaszálba kapaszkodik.

Aki nem ettől a világtól való, aki tehát a szellemi-etikus életre, a finomságra és a tisztaságra törekszik, az szép és harmonikus környezetben fog élni, azonban nem pompában és luxusban. A szellemi-etikai ember életterét az emelkedettség és a jó középosztálybeli viszonyok jellemzik.

A Szellem emberei széppé és harmonikussá alakítják földi otthonukat, továbbá öltözetük is harmonikus és tiszta. De nem élnek pompában és luxusban, nem hordanak drága ruhákat, és nem is díszítik magukat luxusékszerekkel.

Aki valódi önmagát kibontakoztatta, annak bensője kisugárzik, külsőségek nélkül is. Minden ember azt sugározza ki, ami ő maga: a tiszta szellemit vagy a tisztátalan emberit, vagy még mindkettőt vegyesen. Ezért is van az, hogy minden embernek más és más a tudatszintje. Az ember lelkét annak előző életei formálták, és még tisztát és nem letisztítottat is kisugároz. A szülői ház is formálja az embert: a szerint öltözködik, és alakítja ki lakását.

Ezért minden embernek rendelkeznie kellene egy szobával, amely csak az övé, melyet úgy rendez be és úgy alakít, ahogyan az neki éppen tetszik – tehát ahogyan azt az adott időszakban berendezni és kialakítani szeretné. Ha megváltozik az ember gondolkodása és élete, tehát tudata, akkor megváltozik öltözködése és lakása is.

A saját kis birodalmat, például egy saját szobát akkor is meg kellene tartani, amikor házas- vagy élettársi kapcsolatba lépsz. Még ha annyira szereti is egymást két ember, és együtt szövetséget kötöttek Istennel, akkor is rendelkezniük kellene mindkettejüknek egy saját, személyes fluidummal maguk körül.

A lakás fluidumát a bútorok, függönyök, képek és a sok kis tárgy színe és kisugárzása képezi, melyeket az ott lakó személyesen állít egy bizonyos helyre, hogy mindig rájuk pillanthasson, és örömét lelje bennük.

Az alvást is lehetőleg külön térben kellene megoldani. Éjszaka, tehát a nyugovóra téréstől egészen reggelig a társaknak külön szobában kellene aludniuk. Szellemi szempontból ehhez a következőket kell elmondani: Ha két ember tartósan, azaz hosszabb időn keresztül közös hálószobán osztozik, akkor éjjelente lelkük nem mindig tud akadálytalanul azokra a területekre lebegni, ahová fényintenzitásának megfelelően egyébként elutazhatna – ha a test mélyen aludna.

Hogy ezt jobban megértsd, figyeld meg a következőket: Amikor a lélek éjjelente elhagyja testét, tehát amikor az ember mélyen alszik, akkor az éber lélek maga is és az ember védőszelleme is folyamatosan ügyel rá, hogy a lélek időben viszszatérjen, *mielőtt* még az ember felébred.

Ha az alvó testet valami megzavarja, miáltal hirtelen ébred fel, akkor ez – ha újra és újra megtörténik – nehézségeket válthat ki az emberben, mert a lélek nem tud idejében lehorgonyozni a testben, vagy, mert a lélek egyre ritkábban indulhat el az élet magasabb területeire. Így állandóan az alvó test közelében tartózkodik.

Például ha egy hálószobán ketten osztoznak, és az egyikük nagyon nyugtalanul alszik, mert napközben sok gondja és problémája volt – akár saját magával vagy felebarátjával –, akkor a lelke nem jut túl messze a testtől. A társat pedig, aki mélyen aludna, zavarja és felébreszti ez a nyugtalanság. Ez azt eredményezi, hogy a társ lelke sem tud túl messzire távolodni a testétől.

Megismétlem: Ha tehát a társak egyike nyugtalanul alszik, akkor a *másik* fél védőszellemének gondoskodnia kell saját védencéről, akit nagyon gyakran megzavar társa nyugtalan alvása. Ezért nem is éri el a mélyalvást, így lelke sem jut magasabb területekre.

Ha gyakran fellépnek ilyen és ehhez hasonló zavarok, akkor mindketten veszítenek az életenergiából, mert egyikük lelke sem tud messzire távolodni nyugtalanul alvó testétől. Lelkük tehát egyre ritkábban éri el a magasabb, fényes energiaterületeket, hogy életenergiát fogadjon a lélek és a test számára. Ezért az életerő, lelkük rezgése csökken, és ezzel együtt testük életenergiája is.

Az erre utaló jelek a következők lehetnek: csökkent teljesítőképesség és tetterő; az ember reggel fáradt, kedvetlen és kialvatlan; már ébredéskor negatív gondolatok rohamozzák meg;

vagy olyan gondok kínozzák, melyekről már azt hitte, hogy letisztázta. Ilyen és hasonló jelek utalnak arra, hogy a lélek nem tud éjjelente azokra a területekre jutni, ahol fényt és erőt fogadhatna.

Ha a lélek az ember téves magatartása miatt ily módon ismételten akadályokba ütközik, akkor ez az emberre is kihat rosszkedv és feszültségek formájában. Mindez a társak közti nézeteltéréshez vezethet, mely átvivődik a családra, megzavarva az otthon békéjét.

Az ember tevékenységeire és napjának menetére is kihatással van a helyzet, melybe a lélek belekényszerült. A szakmai fejlődésben is zavarok keletkezhetnek. Az együttélés is, melyet kezdetben még az önzetlen szeretet jellemzett, bizonyos körülmények között megromolhat az ilyen tudat alatt zajló események által.

Még ha oly nagyon szeretik is egymást, mindkét félnek mégis megvan a maga mentalitása és emberi szokásai. Az egyikük például esténként nagyon fáradt, és szeretne rögtön aludni, de a másik még olvasna az ágyban, vagy zenét hallgatna. Ha a fény vagy a zene zavarja az egyiket, és ezt a másik észreveszi, tekintettel a társára leoltja a lámpát és kikapcsolja a rádiót. De vajon meddig mehet ez így jól?

Minden ember ki kell, hogy tudjon bontakozni! Ehhez szüksége van egy saját kis birodalomra, ám semmi esetre sem egy palotára vagy egy nagy lakásra. Ahogy kinyilatkoztatott, elég egy csinosan berendezett lakó-alvótér a lakáson belül.

Ebbe a saját kis birodalomba bármikor visszavonulhatsz, ha egyedül szeretnél lenni, hogy imádkozz vagy meditálj, hogy olvass vagy zenét hallgass. Így nem zavarod felebarátodat, aki lehet, hogy éppen ugyanakkor más dolgokkal szeretné eltölteni az idejét.

Amikor esténként a kis birodalmadban alszol, akkor a saját rezgéseidbe vagy beágyazva. Senki és semmi nem zavar téged – hacsak nem zavarod te saját magadat, mert napközben törvényellenesen viselkedtél, túlságosan hevesen reagáltál vagy embertársadtól vitával váltál el.

Ha magaddal viszed birodalmadba a negatív gondolatokat, melyek például a napi eseményekkel kapcsolatosak vagy mindazzal, ami még nem lett letisztítva, akkor a saját rezgéseid zaklatnak majd, és nyugtalanul fogsz aludni. Ekkor *te magad* vagy annak okozója, hogy lelked nem jut el a fényesebb területekre, mert gyötör ébertudatod, lelkiismereted; hiszen olyasmit tettél vagy mondtál, ami nem felelt meg a Rendnek. De legalább nem tartod vissza felebarátod lelkét!

Ha van egy saját kis birodalmad, akkor ott bármikor elgondolkodhatsz nehézségeiden és problémáidon, melyek még foglalkoztatnak, és amelyeket még nem oldottál meg. Mindezt a nélkül teheted meg, hogy zavarnád felebarátodat.

Így akadálytalanul felkapcsolhatod a lápmát, hogy feljegyezd, ha valamit felismertél, vagy hogy összegezd címszavakban az új nap teendőit. Vagy hangosan imádkozhatsz, halk zenét hallgathatsz, vagy kézbe vehetsz egy megfelelő olvasmányt, amely megnyugtat. Tehát nem zavarod társadat.

Ismerd fel továbbá, hogy minden embernek a napi ritmusa is más. Ha ezt a ritmust a saját kis birodalmában jól le tudja zárni a nap végén, akkor újra erősnek érzi magát ahhoz, hogy elfogadja és örömmel kezdje az új napot is.

A kis alvó- és lakóhelyiségeknek nem azt kellene kifejezniük, hogy a társak elidegenedtek egymástól. Éppen ellenkezőleg: Azt segítik, hogy a megfelelő időben, a megfelelő órában legyenek együtt. Hiszen éppen az a szükséges, hogy egymással és egymásért legyenek, hogy az egymás iránti szeretetet és az őszinteséget ápolják házas- vagy élettársi kapcsolatukban.

Ahol több ember lakik egy fedél alatt, legyen az házasság, élettársi viszony vagy család, ott létre kellene hozni egy *közös* helyiséget. A közös tartózkodásra szolgáló lakteret érdemes a lakóközösségekben is kialakítani, ahol egyedülállók, házastársak vagy élettársi kapcsolatban lévők élnek együtt. A lakóközösség minden tagjának úgy kellene berendeznie ezt a helyiséget, hogy annak melegségében és kényelmében mindenki jól érezze magát.

Persze emellett ajánlatos, hogy minden lakónak meglegyen a saját kis birodalma is, melyet bensője és a külső dolgokra vonatkozó elképzelései szerint alakíthat.

Nem kell mindennek változatlanul úgy maradnia, ahogy neked jelenleg tetszik. Ahogyan az ember változik, úgy változik meg ruházata és lakása is. Tudd, hogy az a tapéta, azok a színek, formák és tárgyak, melyek ma még tetszenek, egy idő múlva már lehet, hogy nem felelnek meg. Hangsúlyozom, hogy nem véletlenül választottam a „megfelelni" szót! Mert ami ma tetszik, az a jelenlegi fejlettségi állapotodat tükrözi. Lehetséges, hogy az idő múlásával más színeket és formákat fogsz kedvelni; ugyanez a helyzet a tárgyakkal is, melyekkel a lakásodat vagy szobádat díszíted, akármilyen kicsik is azok – egyszer csak már nem felelnek meg lényednek, vagyis kisugárzásodnak.

Jogosan mondhatod: „De hiszen nem tudok mindig új tárgyakat vásárolni!" Ezt jól gondolod. Ezért ne vásárolj túl drága dolgokat!

De ha drága bútoraid vannak, akkor megváltoztathatod például a tapétákat és a bútorok elhelyezkedését. Esetleg beszerezhetsz egy szép tálat vagy más kis dísztárgyat. Új függönyök vagy egy szép kis szőnyeg is átváltoztatják a helyiséget.

Minden ember számára, akik az Istenhez vezető Belső Úton szeretnének haladni – azaz szellemileg akarnak továbbfejlődni – azt tanácsolnám, hogy alakítsanak ki egy helyet, ahol az igényes életszínvonalhoz illő használt árucikkeket, tárgyakat lehet adni, venni. Ott biztosan találhatók kedvező árú termékek. Valaki olcsón lead valamit, mert mást szeretne beszerezni, ami neki most jobban tetszik, felebarátja pedig előnyös áron juthat hozzá, és örömét leli benne, mert a vásárolt dolog megfelel lénye pillanatnyi jellegének.

Ez nem jelenti azt, hogy csak azok adják tovább tárgyaikat, akik szellemileg fejlődnek. Gyakran előfordul, hogy az ember gyönyörű bútorokat örököl, melyek azonban nem felelnek meg rezgésének. Ezért leadja őket. Az is lehetséges, hogy a szülőknek vagy nagyszülőknek magasabb rezgésük volt, mint az örökösnek.

Az emberek néha visszaesnek a korábbi tudatszintjükre, mert a karmát, mely elérte őket, nem győzik le, hanem azt kiélni és élvezni akarják. Ami számukra eddig kedves és értékes volt, azt leadják, már nem érdekli őket, mert figyelmük másik vonatkozási pont felé fordult. Ha tehát újra a földi életmódokba esnek vissza, és többé nem akarják, hogy emlékeztessék őket múltbéli – vagy akár szellemi – életükre, akkor elidegenednek attól, amit például a lelkiismeretük meg tudna bennük mozdítani.

Az isteni tudathoz vezető úton visszafejlődés is lehetséges. Az ilyen emberek szabad teret engednek karmájuknak, a kiáramló okoknak, és azt részesítik előnyben, ami most újra megfelel gondolkodásuknak és életüknek.

Természetesen ezzel nem akarjuk igenelni a Belső Úton való visszafejlődést; ezek csak útmutatások számodra. Ha azt tapasztalod, hogy egyes emberek újra visszaesnek az anyagi életbe, akkor ne próbáld őket sok szóval és kioktatással visszatartani, hanem adj felvilágosítást és imádkozz! Előbb vagy utóbb minden ember – még ha vissza is esik vagy stagnál – visszatalál szellemi alapjaihoz, és újra arra fog építeni. Ez az út azonban már ugyancsak nehéz lehet.

Felismerheted tehát, hogy az evolúció útján az ember gondolkodás- és viselkedésmódja változik – és vele együtt változik ruházata és lakása is.

Kedves fivér, kedves nővér, ha házas- vagy élettársi kapcsolatotokból gyermekek is származnak, akkor igyekezzetek berendezni számukra is egy saját kis birodalmat.

Az első napokban vagy hetekben a kis csöppség még teljesen a szüleire van utalva, és az anya vagy az apa szobájában alszik. Földi létének első óráitól kezdve azonban saját kis ággyal kellene rendelkeznie.

A gyermek első felsírásakor a lélek elkezdi sugározni a magával hozott programokat a felvett földi testén – tehát a csecsemőn – keresztül. A gyermek már rögtön a születés után rendelkezik saját sugárzással. Ennek ellenére a lélek csak lassanként tud eligazodni a testében, hogy kibontakozhasson, és hogy megtanulja uralni az öt érzéket.

Ezért nagyon fontos, hogy a léleknek és a gyermeknek sok nyugalmat biztosítsanak. Ha az új kis földi polgár a szülei szobájában aludna, akkor a lélek is fokozatosan hasonlóan járna, mint a szülei, akik esténként közös hálószobán osztoznak: Az újszülött újra és újra más rezgéseknek lenne kitéve, és nem kapná meg azt a nyugalmat, mellyel irányítása alá vehetné földi testének érzékeit. Valamint a lélek útja a távoli régiókba ismételten meg lenne szakítva.

Ha a kisgyermek oly mértékben fejlett, hogy a szülei a gyerekágyat gond nélkül az újszülött saját szobájában hagyhatják, akkor ezt meg is kellene tenniük! A gyermek lelke meg fogja ezt köszönni. Testével, földi ruhájával szabadabban tud bánni, mert a más világokba tett éjszakai útjai során sok fényt és erőt hoz magával.

Az apa vagy az anya negatív rezgései – melyekben problémák és kívánságok rezeghetnek – ugyan nem zavarják a kis testet, de a lelket igen. Mégpedig abbéli törekvésében, hogy földi életéhez irányítása alá tudja venni a testet. Ha azonban a kisded a saját kis birodalmában alszik, akkor lelke sem lesz akadályozva, hogy eljusson azokba a világokba, amelyekből jött, vagy amelyekben éjjelente még egyet s mást le kell győznie.

Ha a családban több gyermek is van, és ketten vagy akár hárman is egy szobában alszanak, akkor a gyerekek is zavarják egymást! Ekkor az történik, amit már kinyilatkoztam: A gyerekek lelkei nem tudnak zavartalanul másik világokba menni. Az egyik gyerek nyugtalansága zavarja a másikat vagy a többieket. Így alig lehetséges az éjszakai lelki kibontakozás, mert a lelkek nem jutnak el oda, ahol – szellemi fejlettségüknek megfelelően – erőt és szeretetet fogadhatnak, hogy azt a földi testnek átadják.

A civakodás és a veszekedés gyakran azért alakul ki a kis testvérek között, mert közösen alszanak, és így lelkük kevés energiát tud tehát közvetíteni a testüknek, mert éjjelente az alvó test közelében kell maradniuk. A gyermekek kibontakozása szempontjából ezért jó lenne, ha mindegyikük rendelkezne egy saját kis birodalommal.

Ha a gyermekben már kifejlődött az a képesség, hogy meg tudja különböztetni a színeket és a formákat, akkor a szülők segítségével saját magának kellene kialakítania kis birodalmát. A lélek kiválasztja a gyermek által azokat a színeket és formákat, melyekre a kis embernek szüksége van ahhoz, hogy azoknak örüljön, és boldog legyen. Az öröm, a szeretet és a boldogság harmóniát eredményez a lélekben és a testben is.

A gyermek egészséges növekedése és fejlődése csak a harmóniában lehetséges. Ekkor érzi jól magát a lélek, és arra törekszik, hogy a testének, az embernek átadja az isteni impulzusokat, melyek aktívak benne.

Annak érdekében, hogy a gyermek fokozatosan belenőjön a kozmikus erők harmonikus összhatásába, segítségére vannak a kedvenc játékszerei is, például a kedvenc állatai vagy babái, melyek az ő számára élő, kicsi lények, akikkel szoros kapcsolatban áll; ugyanis a gyermek a különböző szövetanyagokból készült állatok által is kapcsolatba lép a természetben lévő finom, harmonikus erőkkel.

Ha a gyermek harmonikus kapcsolatot ápol babájával, macijával, cicájával vagy más plüssállatkával, akkor rajtuk keresztül a védőszellemnek időnként lehetősége van vezetni a gyermeket, vagy felhívni valamire a figyelmét. Például a kedvenc babán keresztül a védőszellem szorosabb kapcsolatot hozhat létre a kis védencével. Ha a gyermek például felöltözteti a babáját és egy bizonyos helyre teszi, akkor a baba ábrázata, testtartása vagy ruhája által a védőszellem pozitív érzéseket vagy gondolatokat ébreszthet a gyerekben, melyek segítenek neki a szellemi érésben.

A 6-12 éves gyerekeknek szóló „Liobani: Tanácsot adok – elfogadod?" című könyvben még több mindent olvashatsz a kedvenc játékokról, a babáról, a maciról és a cicáról.

Kedves nővér, kedves fivér, fogadd mélyen magadba és jegyezd meg jól a következő mondatot, mely vezérgondolat lehet számodra:

Te is a csendben érlelődsz és felebarátod is. Először találd meg magadban a csendet, és élj úgy, hogy felebarátodnak ne kelljen jogosan boszszankodnia miattad.

A mély csendben a lélek és az ember rátalál Istenre. A mély csend az, ahol két ember is egymásra találhat földi életük idejére.

Ez nem azt jelenti, hogy kerülnöd kellene embertársaidat; éppen ellenkezőleg. Hiszen már hallottad, hogy felebarátod tükör lehet számodra! Azonban ahhoz, hogy megtaláld a belső csendet, rendelkezned kellene egy saját kis birodalommal, melybe visszahúzódhatsz, hogy lelked és tested erőt meríthessen a nap további részéhez vagy az új naphoz.

Kedves nővér, kedves fivér, a kör bezárul:
Egykor szüleitek meséltek nektek, gyermeküknek vagy gyermekeiknek a szellemi életről.

Én, Liobani, nővéreteken, Isten prófétanőjén és követén keresztül átadhattam törvényszerűségeket az örök Igazságból – a gyermek életének első napjától 12 éves koráig tartó időszakára vonatkozóan – az ezen a Földön élő szülőknek és gyermekeknek. A szülők ezáltal bepillanthattak a szellemi életbe és gyermekük vagy gyermekeik érzéseibe, gondolkodásába és szándékaiba – ugyanakkor örömeibe, félelmeibe és gondjaiba is.

A szellemi játékok során a szülők bepillantottak gyermekeik benső életébe, és közben olyannak tapasztalták meg őket, amilyenek, és nem amilyennek mutatják magukat. Játszótársaikon keresztül – mint például a cica, a maci és a baba, vagy akár a rajzaikon keresztül is – megértették a szülők, hogy gyermekeik mivel foglalkoznak gondolatban, és hogy mi az, ami tudat alatt munkálkodik bennük. Megélték gyermekük vagy gyermekeik mély félelmeit és nehézségeit, de megtapasztalták azok világos oldalait is, az örömeiket, önzetlen jóindulatukat és szeretetüket, valamint boldogságukat.

Mindez arra késztette a szülőket, hogy gyermekeik számára naplót vezessenek a velük kapcsolatos felismeréseikről, életük menetéről.

Ezekbe minden lényegeset lelkiismeretesen lejegyeztek, így ezáltal is áttekintést és bepillantást nyertek gyermekeik magaslataiba és mélységeibe. Mindebből megtapasztalták és felismerték, hogyan közeledjenek gyermekeikhez, és hogy mi az, amit saját maguknak kell figyelembe venniük ahhoz, hogy jó barátaikká váljanak.

Éppen a játéktársak – mint például a cica, a mackó vagy egy baba – azok, melyek által a szülők ismételten betekinthettek csemetéik kívánságaiba és vágyaiba; hiszen a gyerekek gyakran számukra nem tudatosan elmesélik kedvenceiknek kis és nagy gondjaikat. Eközben a szülőknek azt is meg kell élniük, hogy gyermekeik sokszor mélyebb kapcsolatot alakítottak ki a cicával, macival vagy babával, mint velük – mert a kedvenc játékok csendben és türelmesen meghallgatták a gyermek mondanivalóját.

Mindezekből a szülőknek sikerült felismerniük gyermekük adottságait, képességeit, tehetségeit és kvalitásait. Sok mindent fel is jegyeztek ezekből a gyermek életének könyvében, azaz a felismerési naplóban.

Nos, most már ti magatok is apává vagy anyává váltatok. Ha szüleitek vezettek rólatok felismerési naplót, és ha 12 éves korotoktól fogva ti saját magatok is lelkiismeretesen készítettetek bejegyzéseket naplótokba, illetve ha már a fogadalmaitok könyvét is vezetitek, akkor egész eddigi szellemi fejlődéseteket a kezetekben tartjátok: földi születésetek napjától egészen addig a napig, amikor gyermeketek megpillantja e világ fényét.

Ha úgy tesztek gyermekeitekkel, ahogy a ti szüleitek tettek veletek, akkor egykor ti is egy értékes kincset adhattok gyermekeiteknek; nem csupán azáltal, hogy önzetlenül vezetitek őket, hanem azáltal is, hogy életútjukkal kapcsolatban feljegyzéseket készítetek.

Ha tehát mindent lelkiismeretesen figyelembe vesztek gyermekeitekkel kapcsolatban, amit Isten, mindannyiunk Atyja általam, Liobani által kinyilatkozott, akkor sok élethelyzetben segíteni tudtok gyermekeiteknek, és felismerhetitek őket lényük mélységeiben.

A Mennyben a szellemlények egyúttal mindannyian testvérek is, mert mindannyiuknak *egyetlen* közös Atyjuk van, aki az Ő szelleméből egyben Anya is. Isten szeretetének sugárzása gyermekei iránt az Atya-Anya-Princípium Atya-Anya sugárzása, melyet *Atya-Anya-Istennek* is nevezünk.

Noha a szellemlények egymás között testvérek, családokat is alkotnak. Az ős Atya-Anya-Princípium maga Isten, akinek manifesztumát

Ős-Atyának vagy *Atya-Ősnek* is mondják. Isten minden gyermeke az Atya-Anya-Princípiumból származik. Amikor kibontakozott rajtuk és bennük a végtelenség összes törvénye, akkor abba a kapcsolatba lépnek, melyet úgy hívunk, hogy dualitás. Két ember kapcsolatát a Földön házasságnak vagy élettársi viszonynak nevezik.

Az örök létben két szellemlény – a pozitív, vagyis férfi, és a negatív, vagyis a női princípium – kapcsolatát *duálkapcsolatnak* nevezzük.

A duálkapcsolat örök érvényű, mert az örök létben minden abszolút, azaz tökéletes. A duálkapcsolatban élő szellemlények egymás iránti szeretete soha nem ingadozik, örökké ugyananynyira szeretik egymást.

A duális szeretetből származnak a *szellemi gyermekek*, akik ugyancsak Isten gyermekei, hiszen Isten, a Szeretet örök Törvénye hoz létre mindent, ami van.

A duálkapcsolatból jön létre tehát a *szellemi család*, melyből a szellemi életfa ered – de nevezheted szellemi családfának is, mely az egészet tekintve magában foglalja a *szellemi nemzetséget*. A sok család – melynek gyökerei egy törzscsaládból erednek, és mint egész egy nemzetséget alkotnak – tiszta szellemi lényekből, Isten gyermekeiből áll. Az isteni birodalomban tehát sok család és nemzetség él.

A Menny összes családja közösen egyetlen nagy családot alkot Istenben, mert mindannyian Isten gyermekei.

Az Atya-Anya-Isten maga az Ős-Atya-Anya-Princípium. A duálapa és a duálanya egy duálpárt alkot. Tehát Isten, az Ős-Atya-Anya-Princípium a duálpárok által további gyermekeknek ajándékozta az Istengyermekséget.

Ha az emberek békében és harmóniában élnek egymással, akkor a Földre hozzák a Mennyet; akkor *hasonlóan* gondolkodnak, élnek és munkálkodnak, mint a tiszta lények a Mennyben.

Mint ahogyan már kinyilatkoztam, a Földön, a háromdimenziós világban minden relatív. Ezért használtam és használom a „hasonló" szót. Amíg a Föld fennáll, addig minden csak relatív lesz, csak hasonló, mint a Mennyben; de semmi sem lesz abszolút.

Azonban Isten földi ruhát öltött gyermekeinek hasonlóan kellene gondolkodniuk, élniük és munkálkodniuk, mint a Mennyben!

Istennek, a mi Atyánknak – aki az Ős-Atya-Anya-Princípium – az a kívánsága, hogy a Földön élő gyermekei újra közeledjenek az istenihez, ami az ő valódi létük. Ezért nyilatkozta ki Krisztus, minden ember és lélek megváltója, hogy Isten Birodalma, a Békebirodalom el fog jönni a Földre.

Jézus Krisztus világbirodalmában, a Békebirodalomban hasonlónak kellene lennie mindennek a Mennybéliekhez: A családoknak nagycsaládokká kellene összekapcsolódniuk.

A nagycsaládokban élő nőknek nem jelentéktelen háztartási „alkalmazottaknak" kellene lenniük, hanem tulajdonságaiknak és képességeiknek megfelelő feladatokat kellene vállalniuk a közösségben, és így összedolgozniuk a férfiakkal, fivéreikkel. Ily módon a nők is teljesen ki tudják venni a részüket tulajdonságaikkal, képességeikkel és kvalitásaikkal Jézus Krisztus Békebirodalmának életéből.

A nagycsaládokban tevékenykedő nők, a nővérek, felváltva gondozzák a házat és látják el a gyerekeket, ami azt jelenti, hogy bizonyos napokra, vagy órákra átvállalják a házi kötelezettségeket, a takarítást, a mosást, a főzést és a sütést.

Ha a közösség tagjainak már rendelkezésükre áll egy külön étkezőhelyiség, ahol az Úr közössége együttesen magához veheti Isten adományait, az ételt, akkor a főzéshez és a sütéshez szükséges ráfordítások lényegesen csökkenthetők.

A gyermekekről az Apa-Anya-házakban viselnek gondot, ahol ők napközben vagy akár több napig is tartózkodhatnak. A kicsik iránti szívből jövő szolgálatot a nagyszülők is megtehetik!

Az Apa-Anya-házakban a gyermekeknek 12 éves korukig, vagy esetleg idősebbeknek is, azt közvetítik, amire szükségük van szellemi és fizikai fejlődésükhöz. Az Apa-Anya-házakban az Ős-Atya-Anya-Princípium szelleme kell hogy hasson, ami a kivétel nélküli szeretetet jelenti minden gyermek iránt – függetlenül attól, hogy az egyik gyerek szófogadó, a másik pedig engedetlen, és nehéz vele bánni.

Ha ilyen és hasonló létesítményeket létrehoznak a Földön, akkor egyre több ember fog összekapcsolódni Isten szellemében – tudatosan, Jézus Krisztus Békebirodalmának lakóiként.

Kedves nővér, kedves fivér, a Békebirodalom, Jézus Krisztus Világbirodalma létrejön. Légy te is Isten földi Birodalmának lakója.

Egyre több ember tesz Jézus Krisztus Világbirodalmáért, miáltal Krisztus mellett döntenek.

Én, Liobani is hozzájárulhattam egy kis részben az örök Birodalomból Jézus Krisztus földi Békebirodalmának létrejöttéhez. Hálásan hajlok meg a Legmagasságosabb előtt, akinek a leánya vagyok.

A benső, önzetlen szeretettől boldogan, és örömmel eltöltve, hogy sok gyermek, fiatal és felnőtt hallja az Úr hívását az Ő prófétáján és követén keresztül, és járják az önzetlen szeretet útját

– valamint, hogy megtalálják és megvalósítják a „Liobani-könyvekben" található Igazságot – a következő szavakkal búcsúzok el a földi ruhában lévő testvéreimtől:

Összeköttetésben vagyok veletek mindörökké.

Béke veletek, kedves földi ruhát öltött fivéreim és nővéreim:

Liobani

Jézus a nép embere volt – nem az egyházé!

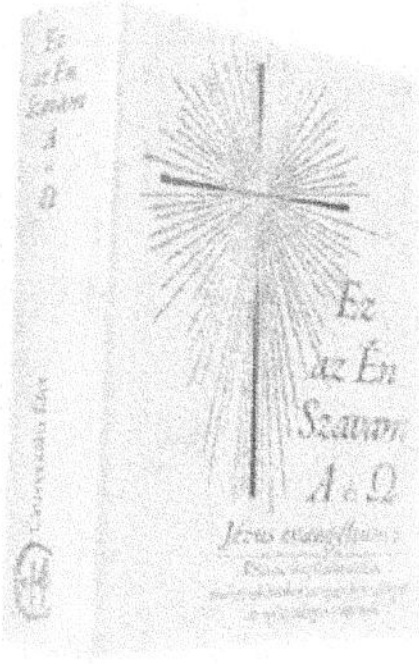

Ez az Én Szavam
Alfa és Omega
Jézus Evangéliuma -
Krisztus kinyilatkoztatása,
melyet időközben az igazi
keresztények az egész
világon ismernek

A könyv Jézusról, a Krisztusról szól, Názáreti Jézusként élt életéről, és az igazság tevékenykedéséről.

A tartalomból: Jézus gyermekkora és ifjúsága – A Názáreti Jézus tanításának meghamisítása – Farizeusok tegnap és ma – Jézus szerette az állatokat és mindig síkra szállt értük – A Hegyi Beszéd – A földi élet értelme és célja – A test gyógyulásának előfeltételei – Isten lényéről – Isten nem fenyít és nem büntet. Az ok és okozat törvénye – Az „örök kárhozat" tanítása Isten gúnyolása – A halálról, az újraszületésről és az életről – A férfi és a nő egyenrangúságáról – Az eljövendő kor és az emberiség jövője – Krisztus megváltó tettének valódi jelentősége és további témák. A könyvben megtalálható Gabriella önéletrajza is, aki Isten prófétanője és követe a mai korra, illetve egy róla készült szénrajz.

A könyv 1088 oldalas.

Életiskola az élettel való mesteri bánásmódhoz
A kozmikus tudatba vezető út 1-2. kötet

Hogy mi a kozmikus tudat, azt csak egy olyan embertől tudhatjuk meg, aki abban él – ő Gabriella, Isten prófétanője és követe a mai korra, aki az isteni bölcsesség áramlatából számtalan szellemi tanóra alkalmával megadta az alapvető szellemi tudást, illetve sokrétű segítséget és útmutatást életutunkra. A kozmikus tudatba vezető út mindenki előtt nyitva áll…

A fiatalok és a próféta

Egy élő beszélgetés jegyzete egy fiatal és a prófétanő között. A fiatal személyes és kritikus kérdéseket is feltesz Gabriellának:
Ha olyan idős lennél, mint mi, mintegy húsz éves, milyen lenne az életed? Mit csinálnál a munka után? Hogyan próbálnád fiatalemberként megváltoztatni a világot? Mi az a tudatalatti? Mit csinálnál, ha észrevennéd, hogy valaki ki akar veled kezdeni?
Ingyenes kiadvány.

Az Igazság üzenetei - ingyenes brosúrák

Isten bennünk van; Jézus és az állatok;
Ne engedd el!; Vigasz bajban és bánatban

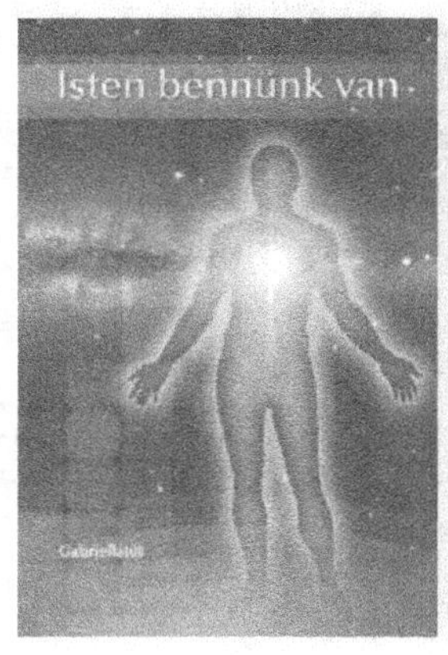

Kiadványaink megrendelhetők
webáruházunkban: www.gabriele-konyvaruhaz.com
emailen: info.gabriele.kiado@gmail.com
telefonon: +3620 421 0749